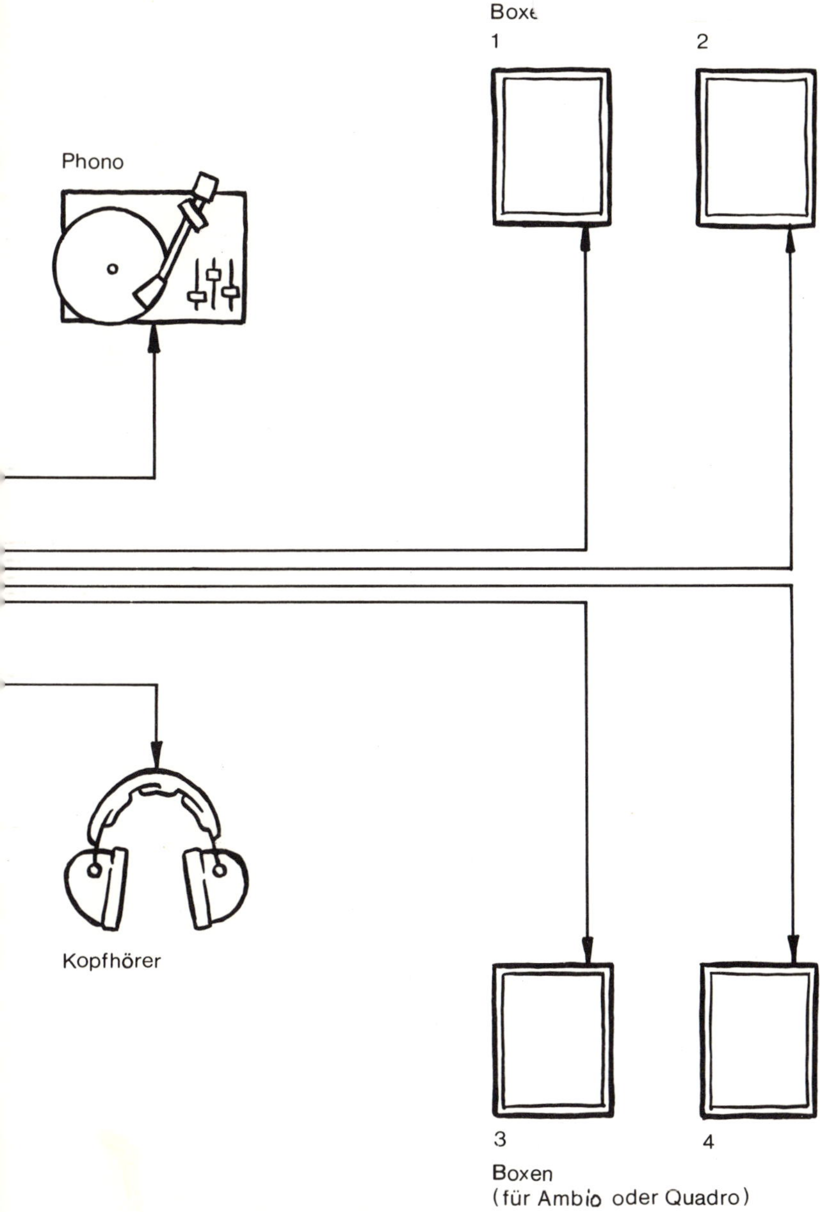
Boxe
1
2
Phono
Kopfhörer
3
4
Boxen
(für Ambio oder Quadro)

Alexander Spoerl

Der Klang macht die Musik

Alles über Platten, Bänder und Geräte

Deutsche Verlags-Anstalt

ISBN 3 421 02440 5

Gesamtherstellung: Hieronymus Mühlberger, Augsburg
Umschlagentwurf und Titelfoto: Klaus Dempel
Printed in Germany

5678970754321

Inhalt

Der Autor über sich selbst und die Musik

Es ist überhaupt nicht wahr, daß ich von Kindesbeinen an Musik geliebt hätte! Ganz im Gegenteil, schon in den Windeln war sie mir zuwider. Denn es gab sie von morgens bis abends, und sie drang bis in mein Kinderbettchen. Sie wurde von Mama erzeugt und einem Flügel; oft war auch ein fremder Mann dabei, der auf die Tasten hieb, dann innehielt und sich mit Mama stritt, dann wieder plung-plung auf dem Flügel machte, und dann fingen sie wieder von vorn an oder nur ein paar Takte früher. Und als ich endlich laufen konnte, durfte ich nicht ins Musikzimmer hinein oder nur, wenn Mama verreist war. Dann kehrte Stille ein ins Haus – sofern das entlastete Dienstmädchen nicht gerade trällerte. Aber damalige »Dienstmädchen« sangen wenigstens etwas Lustiges und ließen das Klavier in Ruhe. Ansonsten blieben meine musikalischen Kenntnisse bescheiden; Drehorgelmänner kamen nicht in unser Viertel, was mich heute noch schmerzt. Zuweilen marschierte französisches Militär durch die Straßen mit greller Hörnermusik, aber das ging schnell vorbei. Zum Karneval sangen alle und tanzten um die Schutzmänner herum. Sie verkündeten lautstark zum Beispiel, daß bei einem Herrn Palm das Ofenrohr verstopft sei (bzw. »die Pief«) oder daß es einmal einen treuen Husaren gegeben haben muß, der mit einem Mädchen (das unsere war es nicht!) über ein Jahr lang – also weiter weiß ich heute auch nicht mehr.

Auf der Schule mußte auch ich singen. Da merkte ich erst, was für eine Plage das ist. Wir sangen aber ganz anders als Mama, nämlich zu mehreren und alle zugleich, was mir gegen das Individuelle ging.

Ich erhielt eine Klavierlehrerin. Damals gehörte sich das so. Ein paar Mal habe ich versucht, sie zu beißen, aber das half mir nicht, sondern nur ihr: sie bekam dafür jede Stunde mehr Geld! – Weil mit ihr also nichts zu machen war, versuchte ich es mit dem Flügel. Mit unmenschlichem Fleiß kam ich endlich dahinter, daß man nicht nur auf die Tasten drücken kann, sondern sie auch hochziehen. Dadurch verbog sich irgend etwas Empfindliches im Flügel, was viel Geld kostete. Also erkannten meine Eltern endlich, daß ich nicht für Musik geboren sei.

Und das schien so zu bleiben.

Die Wende kam nicht durch einen Kuß der Muse, auch nicht durch ein Mädchen, obgleich ich mich schon bedenklich der Pubertät näherte, sondern durch einen Kristall und eine spitzige Nadel. Führte man die Nadelspitze auf die Oberfläche des Kristalls und leitete dadurch einen hochfrequenten Wechselstrom, so wirkte die Nadelspitze als Gleichrichter. Das wußte ich natürlich nicht, aber die erwachsenen Leute nannten es einen »Detektor«. Kristall und Nadel steckten auf einem Kästchen, dazu noch Spulen und ein Drehknopf. Der Sender Königswusterhausen hatte sein Programm aufgenommen. Als Junge kletterte man aufs Dach, in der Tasche »Radio-Eier«, überm Arm viele Meter Kupferlitze, und zog seine Antenne vom Schornstein bis zum nächsten Baum. Sparte auf einen Kopfhörer; das Kästchen, den »Detektor-Apparat« baute man sich selber aus billigen Teilen zusammen.

Im Kopfhörer ertönte Musik, noch sehr zirpend, aber unverkennbar. Und nicht irgendeine – wie aus dem Musikzimmer oder von der Straße oder im Konzertsaal, für den man sich fein anziehen mußte und hingehen –, sondern eine ganz ferne durch den Äther!

Ich war gebannt!

Auch Papa lobte mich. Und mein Freundeskreis erweiterte sich. Wir bauten Detektoren um die Wette. – Man konnte den Kopfhörer auch in eine Kristallschale legen und alle versammelten Ohren darüber halten. Es war mein erster Lautsprecher.

Väter wollten hinter ihren Jungens nicht zurückstehen, und sie kauften richtige Radios mit Röhren und Akku und Anoden-Batterien und trompetenartigen Lautsprechern. Es waren »Anlagen«, die wir heute als »Opas Dampfradio« bezeichnen. Mit ihnen umzugehen verlangte ganzen Einsatz. Und heute bin ich überzeugt, daß damals andächtiger dieser »Dampfmusik« gelauscht wurde als heute mancher High-Fidelity.

Und eines Tages hörte ich im Lautsprecher Mama aus einem Konzert in Den Haag! Es war ihr letztes Konzert.

Aber die Musik blieb im Hause. Die Schallplatten besserten sich, und Mama kaufte sie und kaufte und kaufte. Kaufte jene Schellack-Platten, die so zerbrechlich waren und die man alle 5 Minuten umdrehen mußte und für jede Seite eine neue Nadel einsetzen.

Und ich kaufte mir im zweiten Semester ein Koffergrammophon. So hatte ich Musik auch im Paddelboot. Mit Koffergrammophon am Schilfrand lockte man Mädchen an, aber bei mir wollte das nie funktionieren. Vielleicht lag es an den Platten. Die hübschen Mädchen wollten zum Beispiel »Boohoo, that's why I'm crying for you«, und nur die mit Brille paddelten auf die »Chromatische Fuge in g-moll« heran.

So lernte ich lediglich, daß die mit Brille sinnlicher sind – »erotischer« sagte man damals verschämt.

Bis nach dem letzten Großen Krieg ging es allein darum, was auf der Platte ist, kaum wie! Die falschen Töne überhörte man. Die Technik hielt man für vollkommen. Eigentlich waren wir recht zufrieden.

Nur die Industrie sorgte dafür, daß wir nicht zufrieden blieben. Ihr geht es ums Wachstum. Und heute bin ich ihr – was die Tontechnik betrifft – sehr dankbar dafür!

Es kamen die Platten mit dem »variablen Schnitt«, auf die bis zu 20 % mehr ging als zuvor.

Es kam das Tonbandgerät.

Es kamen die Langspielplatten!

Mit Geld habe ich nie geknausert – soweit vorhanden –, aber ich glaube, daß ich das meiste Geld für Radios, Tonbandgeräte und Plattenspieler ausgegeben habe. (Statt für eine Altersversorgung!) Mehr noch als für Autos.

Es kam Stereo, und wir werden uns offen darüber unterhalten.

Es bietet sich die Quadrophonie an, die Oktaphonie, der Kunstkopf.

Und die High-Fidelity!

Wie überhaupt konnte man ohne HiFi leben bzw. hören?

Eine eigentümliche Beobachtung habe ich gemacht: je musikalischer jemand ist, um so weniger ist er abhängig von HiFi! Was da tonlich nicht stimmt oder fehlt, das korrigiert offenbar sein musikalisches Gehör, ergänzt es. Allerdings darf ich auch nicht leugnen, daß Hochmusikalische mit HiFi erhöhten Genuß haben.

Und auch das Gegenteil gibt es quasi. – Als ich fünfzig wurde, gedachte ich, es mal mit dem Sparen zu versuchen. Ich dachte: die obersten Ton-Frequenzen hörst du doch nicht mehr, warum jetzt wieder eine neue Musik-Anlage kaufen? Ich hab's dann doch getan, weil mein Freund, der Zahnarzt, mir seine neueste vorspielte. Hinter einem Zahnarzt will man nicht zurückstehen!

Dazu der Versuch eines elektro-akustischen Labors: Man holte einen schwer gehörgeschädigten Musiker ins Studio und ließ ihn neueste und auch ältere Geräte testen. Und – er »hörte« alle Feinheiten dennoch! Man hört in der Musik nämlich auch das heraus, was man im stupiden Hör-Test längst nicht mehr hört!

Nun scheint die Angelegenheit ganz einfach zu sein: man kaufe sich die modernsten, teuersten Geräte, und dann stimmt's. Es ist aber nicht so! Die teuersten sind nicht immer die besten. Und manches ist ganz modern und stimmt auch nicht, war vielleicht eine Fehlentwicklung.

Vielleicht wird die Sache auf andere Weise einfacher: man macht sich anspruchsloser und schraubt sich aufs Gehör zur Zeit des »Dampfradios« zurück. Geht aber auch nicht, weil man bei anderen Leuten die Musik besser hört, verwöhnt wird.

Die einfachste Lösung ist diejenige, die geht; und die hängt vom Geldbeutel ab. Nun kann man für eine Masse Geld Mist einkaufen und für wenig Geld doch schon so viel, daß man ein ausreichendes musikalisches Lustgefühl empfindet, kurz »Genuß« genannt. – Für diesen Weg muß man nicht Elektronik studieren, alle Systeme in ihrem inneren Aufbau kennen, sondern nur wissen, wie man verfährt.

Auf nichts anderes ist dieses Buch aus, als Ihnen die Verfahrensarten beizubringen, den Umgang mit dem Fachhändler, die Aufdeckung fantasiereicher Fremdwörter in Katalogen, das Manipulieren mit den so unterschiedlichen Geräten – auch deren Pflege! – und ihre richtige Zusammenstellung.

Wir sind jetzt technisch so weit, daß die Musikwiedergabe gehörmäßig vom Originalton kaum noch zu unterscheiden ist (so sind auch die DIN ausgelegt), aber ich bin nur ganz, ganz selten in ein Zimmer geraten, in dem die Wiedergabe stimmte!

Selbst im eigenen Heim hatte ich alle Mühe, Orchester oder Kammermusik oder Gesang so zu reproduzieren, daß es vollends »echt« klang.

Da fragt man sich bald: was nutzt die HiFi-Technik, wenn sie nirgendwo stattfindet!

Dieses Buch schreibe ich, um ein Schlagwort in die Tat umzusetzen.

1. Wozu Musik?

Funk, eigene Platten, Cassetten sind nicht durchweg musikgeladen, sondern bringen auch Informationen, vom Wetterbericht bis zum Englischkurs, sie vermitteln Dichtkunst und kluge Vorträge. Weil dazu aber die Tontechnik eines Telefons ausreichen würde, will ich in diesem Buch alles an der Musik messen. Musik stellt Ansprüche, denn sie ist weit mehr als Information. Musik nämlich soll glücklich machen!

Meist wird sie mißbraucht. In den vorwiegenden Fällen heißt sie dann »Hintergrundmusik«. Sie muß keinen eigenen Hintergrund haben, aber soll ihn schaffen, damit es nicht so still auf der Welt ist. Am Badestrand oder im Grünen, beim Bügeln oder beim Lesen. Am zermürbendsten im Lokal! Die Leute am Nebentisch sollen nicht hören, was man redet. Darum muß man um so lauter reden, und dann hören die nebenan es doch. Vielleicht hilft sie, Gesprächspausen zu überbrücken, wiewohl die Pausen manchmal das Beste am Gespräch sind. Hintergrundmusik kann milde dummes Geschwätz zudecken. – Aber für all das braucht man keine gute Musik.

Ja, gibt es denn »schlechte« Musik?

Natürlich gibt es die, nur, daß die wenigsten es merken. Gut oder schlecht hat in der Musik nichts zu tun mit etwa »klassisch« oder »modern«, mit »ernst« oder »pop«. Gutes und Schlechtes gibt es bei Musik in allen Sparten. – Manche behandeln Musik wie eine Antiquität: gut ist, was genügend alt ist. Wenn es aus der Klassik mehr gute Musik gibt als in einer Unterhaltungssendung, dann liegt es einfach daran, daß das weniger Gute im Laufe der langen Zeit untergegangen ist. Es gibt klassischen Kitsch und wertvollen Jazz.

Musik ist so wertvoll, wie sie einen Menschen glücklich macht.

Bücherecke des Autors, umfunktioniert für dieses Buch. Ob die Erfahrung stimmt, wollte er prüfen. *A.Spoerl/Philips*

Ich beneide Mitmenschen mit sogenanntem »schlechtem« Geschmack, denn sie haben selten etwas am Programm auszusetzen. Sie sind mit fast allem zufrieden. Bleibt einzig die Frage, ob sie jemals von irgendeiner Musik hingerissen werden können.

Gute Musik kommt teuer, denn sie verlangt bessere Wiedergabegeräte. Das liegt nicht an ihr, sondern an den Konsumenten. Sie lassen sich nicht mit Musik berieseln, sondern sie lauschen (stellen zumindest den Staubsauger ab). Und dann stechen ihnen mit einem Mal Mißtöne ins Ohr.

Musik entspannt, entkrampft, und das ist nicht neu. Sie verscheucht den Nach-Streß des arbeitsreichen Tages und des Ärgers, mit Musik läßt sich gelöster flirten, und Kühe lassen sich leichter melken. Musik ist durchaus in der Lage, Beruhigungspillen zu ersetzen; Versuche 1974 brachten erstaunliche Resultate. Bestimmt ist sie gesünder als Pillen – allerdings kann man ebenso süchtig werden!

Musik im Auto mindert den Streß, aber erhöht die Gefahr. Man fährt gesünder, aber wurschtiger! Ob Bord-Radio ein- oder ausgeschaltet, obliegt Ihrer Wahl: Schonung von Herz und Kreislauf (einschalten!) oder aufmerksamer fahren (ausschalten!).

Wenn man sich umarmt, braucht man keine Musik mehr.

Wenn man sich zankt, kann Musik Wunder bewirken, nämlich dadurch, daß keiner mehr hören kann, was der andere sagt.

Musik kommt fast ausnahmslos aus der Konserve, auch dann, wenn sie – scheinbar frisch – aus dem Radio strahlt; der Sender sendet nämlich auch von Konserven (mit den ganz seltenen Ausnahmen der Live-Sendungen!).

Eine **Ton-Konserve** ist ein weit größeres Wunder als die ganze Senderei, und gehe sie halb um den Erdball! Die Sendung per Funk überbrückt nur Entfernungen, aber die Konserve überbrückt die Zeit! Als konkretes Beispiel: mit der Schallplatte wird ein Interpret wahrhaftig unsterblich.

Vor drei Jahrzehnten noch sahen Musik-Snobs auf diejenigen herab, die Platten abhörten, statt ins Konzert zu gehen. Ich gestehe, daß dem Konzert das besondere Erlebnis anhaftet, das Direkte und ein wenig Feierlichkeit. Aber wir sind durch die Tontechnik inzwischen so verwöhnt, daß kein Musikliebhaber mehr einen drittklassigen Pianisten im Kursaal hören möchte oder im Gemeindesaal. So ist die »direkte« Musik der Provinz entlaufen. Und die Großstädte sind so groß, und die Parkplätze sind auch des Abends rund um den Konzertsaal so voll, und die Straßenbahnen sind so bummelig, daß der Hinfahr-Aufwand in einem miserablen Verhältnis zum »direkten« Genuß steht.

Karten müssen lange vorbestellt werden, wenn es sich um einen großen Interpreten handelt. Und also muß man vier Wochen vorher wissen, ob man an dem bestimmten Donnerstag, um 20.30 Uhr zum Beispiel, Lust auf Bruckner hat.

Zum Radioapparat genügen drei Schritte durchs Zimmer. Wer aber gerade Hunger auf Chopin haben sollte, schaltet auf den Plattenspieler um. Und wer zum »Fliegenden Holländer« das Umziehen vermißt, kann sich getrost in Schale werfen und sich dann vor die Boxen setzen.

Will sagen: man kann sich zu Hause selbst seine Konzerte geben. Die Vorbereitung und die Andacht sind noch wichtiger als die Tontechnik! Das Stück ist wichtiger als die High-Fidelity. – Letzeres zum Trost für diejenigen, die noch nicht das Geld für HiFi zusammenhaben – und eines Tages doch haben werden, und wenn sie noch so arm bleiben!

Denn das ist der Unterschied zum vergötterten Automobil: ein Auto muß man als Ganzes kaufen, aber seine Anlage kann man nach und nach aus Bausteinen zusammensetzen. (Sie müssen nur zueinander passen!) – Ein Auto rostet, HiFi nicht. Ein Auto kostet, auch wenn es still steht, HiFi kennt kaum Verschleiß. Nur – angeben kann man mit HiFi nicht so gut. Keiner sieht es, und wer es nebenan hört, verbittet sich das.

Es muß auch nicht immer der beste Ton sein. Dennoch: was eigentlich ist diese gepriesene High-Fidelity?

2. High-Fidelity

HiFi ist keine technische Erfindung, sondern nur eine Behauptung. Behauptet wird mit »HiFi«, daß der Ton beim Hörer genauso ankommt, wie er beim Musiker abgegangen ist. HiFi heißt »Tontreue« und hat nichts mit Stereo oder anderen Systemen zu tun. Wie HiFi erzeugt wird, ist jeder Firma selbst überlassen.

HiFi erinnert mich an die Eidesformeln der Zeugen: »... die reine Wahrheit sagen und nichts verschweigen oder hinzusetzen werde ...«

So soll es auch mit dem Ton geschehen, mit jedem Ton, ob laut oder leise, seidig oder schrill, die Musik soll beim Hörer ankommen, als höre er sie in natura.

Wer behauptet, muß auch beweisen können. Es gibt keine genormten Ohren. Aber nach obiger Definition à la Eidesformel hat man dennoch Normen für HiFi aufstellen können. HiFi ist meßbar!

Und was dennoch unmeßbar bleibt, wird uns später erst beschäftigen.

Soll-Geschwindigkeit.

»Die reine Wahrheit«: kein Ton darf verfälscht werden. Er darf nicht höher und nicht tiefer ankommen, als er in Wahrheit ist. – Dem Radio macht das keine Schwierigkeiten, aber von Platten- und Bandgeräten wird peinlich genaue Umdrehungszahl verlangt, sonst ändert sich die Tonhöhe.[1]

Gleichlauf.

Er darf bei seinem Erklingen auch nicht in der Höhe schwanken, denn dann jault er. Auch ein Problem für Platten und Bänder![2]

Frequenzumfang.

»Und nichts verschweigen« = es dürfen keine tiefen Töne und auch die höchsten nicht unterdrückt werden, gar ausfallen. Die ganz hohen Töne machten bisher die größten Schwierigkeiten. Das Radio (von biederen Leuten zum Beispiel bei der Post ›Empfänger‹ von modernsten Technikern ›Tuner‹, von Händlern ›Receiver‹ genannt) kann hohe Töne (obere Frequenzen) nur per UKW empfangen. Wenn Sie hören wollen, wie sich Musik ohne hohe Töne anhört, suchen Sie einen Sender auf Mittelwelle.[3]

»Oder hinzusetzen . . .« = keine Töne oder Geräusche, die der oder die Musiker nicht von sich geben. – Das Deutsche Institut für High-Fidelity versammelt das alles unter der Bezeichnung ›Klirrfaktor‹.[4]

Unter uns aber wollen wir da einiges auseinanderhalten, weil man dann eventuellen Fehlern der Anlage schneller auf die Spur kommt, überhaupt, wir uns dann deutlicher verständigen können.

Da gibt es das wirkliche ›Klirren‹. Es hört sich an, als wenn irgend etwas Metallisches oder Gläsernes mitschwinge. Sie können es, um mich besser zu verstehen, selbst erzeugen: stellen Sie Ihr Radio auf eine beliebige Station ein, und dann rutschen Sie auf der Skala etwas ab, gehen etwas neben den Sender! Etwa so meine ich das ›Klirren‹. Es ist der unangenehmste Fehler eines Gerätes, weil man sich nie daran gewöhnen kann!

Es gibt Knacksgeräusche, die kommen selten vom Gerät, sondern von der empfindlichen Schallplatte. Es sind Verletzungen der Rillen.

Es gibt das Knistern. Auch daran ist das Gerät unschuldig. Knistern kommt bei Platten vom Staub, bei Tonbändern von elektrostatischen Entladungen. Bei Radio von unentstörten elektrischen Geräten oder fernen Gewittern.

Es gibt das Rauschen. UKW-Radio muß rauschfrei sein (oder der Sender fällt zu schwach ein!). Tonbänder können rauschen; das kann an der Aufnahme liegen und auch am Tonbandgerät. Bei fertig bespielten Cassetten liegt es nur am Wiedergabegerät.

Es gibt das Zischen. Stereo-UKW zischt, wenn der Empfang

Für den angehobenen Normalverbraucher: Compact-Gerät der Mittelklasse: Receiver, Plattenspieler und Verstärker. Dazu Tonbandgerät der Mittelklasse. Dazu Cassetten-Deck der Oberklasse. Und zwei HiFi-Boxen (2 × 30 Watt) der Oberklasse. – (Nicht im Bild.) *A. Spoerl*

zu schwach ist; es läßt sich mildern durch Umschalten auf Mono. Manche Platten zischen, aber selten. Bänder zischen gern, und dann liegt es vorwiegend wieder am Gerät. (Zum Beispiel an einem magnetisch aufgeladenen Tonkopf; wie man ihm das wieder austreibt, verrate ich Ihnen im Kapitel über Tonbandgeräte.)

Die HiFi-Norm (DIN) bezieht sich nur auf die Geräte, aber nicht auf die sogenannten Tonträger (Platten, Bänder u. a. m.). Aber manche Geräte können HiFi nur mit besonderen Tonträgern.[5] Keine HiFi-Anlage kann mit einer vergammelten, verletzten, verdreckten Platte High-Fidelity zaubern – um Ihnen klarzumachen, warum Tonträger noch nicht genormt sind. Sie verändern sich ja,[6] werden abgenutzt.

Zur wirklichen HiFi gehört ein immenser technischer Aufwand. Der gespielte Ton muß eine lange Kette von technischen Geräten durchlaufen. Nur ein schwaches Glied in dieser Kette setzt HiFi matt. Und kleinste Fehler in den Gliedern addieren sich:

Zuerst gerät der Ton ins Mikrofon, meist sogar in mehrere. Dann in Verstärker und Mischpult. Beim Radio: nochmals verstärkt und einer Sende-Frequenz aufmoduliert in die Antenne. Muß ungestört und sauber bleiben bis zu Ihrer Empfangs-Antenne. Wird – bei Gemeinschafts-Antennen – nochmals nachverstärkt, muß durch Weichen und durch Kabel, wird in Ihrem Tuner wieder von der Träger-Frequenz gelöst, quasi herausgeschält, wieder verstärkt und findet dann erst in die Boxen, die auch ihre Eigenheiten haben.

Oder er gerät vom Mischpult auf Tonband. Vom Tonband über den Schneidstichel in die Ur-Platte. Dann gepreßt auf die Matrize. Von der Matrize im Schnellgang wieder auf einen Kunststoff-Kuchen gepreßt – Ihre Schallplatte! – wird von Ihrem Tonabnehmer-System abgetastet, die Impulse (›Signale‹) werden entzerrt (und damit zugleich vorverstärkt). Geraten in den eigentlichen Verstärker (›Amplifier‹) und gelangen dann erst in die Boxen.

Welche Einflüsse am Ende noch Ihre Sitzposition, die Form und das Meublement, die Wände Ihres Zimmers ausüben, lieber erst später!

Die höchste High-Fidelity gibt es bei Direktaufnahme von Mikrofon auf Band. (Immer bestes Gerät vorausgesetzt und einwandfreies Band!) Aber das kann man nicht kaufen, man müßte es selber tun.

Die beste käufliche High-Fidelity ist die Platte. Aber sie bleibt es nicht lange Zeit! Sie ist zu verleztlich.

Die gängigste und problemloseste High-Fidelity ist UKW. Die beste Konservierung solcher Empfänge bleibt – noch – das Tonband auf Spulen.

Die bequemste High-Fidelity ist die HiFi-Cassette (in HiFi-Recorder!).

Koffer-Radios können kein HiFi. Die Norm schreibt nämlich eine Ausgangsleistung für den oder die Lautsprecher vor[7], die von den kleinen Batteriechen nicht aufgebracht werden kann.

Mit soviel vorgeschriebenen Watt kann man gewaltigen Radau machen, aber die Norm ging von Boxen aus, die sehr viel Leistung verschlucken.[8]

Nun, Tonbandgeräte und Cassetten-Recorder nennen sich dennoch HiFi, auch dann, wenn sie zu den Boxen einen zwischengeschalteten Verstärker brauchen. Da haben die DIN-Leute wohl ein Auge zugedrückt. – Mit den Koffer-Radios ist es aber anders; ich fand noch keines, das mit nachgeschaltetem Verstärker mir HiFi in die Bude brachte.

Spitzen-Anlagen sind längst über die HiFi-DIN hinausgelangt – sie sind noch hifier!

Die Normen[9] geben nur das an, was man messen kann. Es ist aber nicht alles zu messen! – Bei der Dynamik wird das Messen schon schwierig, und die unter Kennern oft erwähnte Brillanz ist überhaupt nicht zu messen.

High-Fidelity ist:

a) eine Anlage, die der HiFi-DIN-Norm entspricht,
b) die möglichst noch darüber hinausgeht,
c) deren HiFi man erst durch Anhören testet und
d) dies nicht beim Händler, sondern im eigenen Zimmer!

Das Institut für High-Fidelity[10] liefert Ihnen Testplatten (die können Sie auch auf Ihr Tonbandgerät oder Cassetten-Deck überspielen und dann wieder erklingen lassen).

Wer denn braucht eigentlich HiFi? – Das hängt nicht so sehr vom Menschen ab als von der Musik, die er gewöhnlich hört. Unterhaltungsmusik stellt weniger Ansprüche an den »Getreuen Ton«. Manche Beatmusik klirrt schon auf dem Podium so, daß da nichts mehr wiedergutzumachen ist. Kammermusik ist auch bescheiden. Große Orchesterwerke werden schon anspruchsvoll. Am empfindlichsten sind Klavier, Cembalo und Gitarre allein. Wenn die beim Test jammern, ist das kein HiFi!

Eine Anlage zu Hause ist auch eine Kette. Zum Beispiel: Empfänger, Verstärker, Boxen.

Oder: Plattenspieler (bzw. Tonbandgerät), Vorverstärker, Verstärker, Boxen.

Welches Glied das wichtigste ist?

Jedes! Denn eine Kette ist nur so gut wie ihr schwächstes Glied. – Aber die meisten sündigen durch Knauserigkeit an den Boxen.

Konkret ausgedrückt:

a) der Empfänger muß nur etwas über Mittelmaß sein,
b) der Verstärker darf etwas unter Spitzenklasse sein,
c) der Plattenspieler (oder Spulen-Tonbandgerät) soll wieder etwas über Mittelmaß sein,
d) das Cassetten-Deck muß Spitzenklasse sein,
e) die Boxen müssen annähernd Spitzenklasse sein.

Auf all das komme ich noch im einzelnen zurück!

HiFi hat einen immensen Nachteil: es kostet Geld.

Doch gehört HiFi nicht unabdingbar zum Glücklichsein.

Dazu wurde es auch gar nicht geboren! HiFi wird immer hifier, damit wir immer mehr Perfektion kaufen können.

1 Nach HiFi-Norm ›Soll-Geschwindigkeit‹, Abweichung + 1,5 %, — 1,0 %.
2 Nach HiFi-Norm ›Gleichlauf‹, Abweichung bis zu ± 0,2 %.
3 Nach HiFi-Norm ›Frequenzgang‹, von 40 Hz bis 12 500 Hz für Empfänger.
4 Nach HiFi-Norm Klirrfaktor bis ≦ 2 % für UKW-Empfänger.
5 Z. B. CrO_2-Bänder für HiFi-Cassetten-Geräte.
6 Das Altern der Wiedergabegeräte ist hier zu vernachlässigen. Transistoren kennen kaum Alterung; anfälliger sind die mechanischen Teile von Platten- und Bandgeräten, aber sie sind erneuerbar.
7 5 Watt pro Stereo-Kanal, was zu bescheiden ist!
8 Sogenannte ›geschlossene‹ Boxen.
9 DIN 45 500.
10 Deutsches High-Fidelity Institut e. V., Verlag G. Braun, Karlsruhe.

3. Gewöhnung

Manchmal ist es der Reiz des Lebens, wenn man auf etwas verzichten muß. Und die Perfektion will mir zuweilen als die Feindin der Muse erscheinen. Einer hat sich einmal über das Erklettern von Berggipfeln mokiert: wenn man oben sei, sähe man doch nur wieder einen noch höheren Gipfel eines anderen Berges. Vielleicht macht hohe Leistung unzufrieden, weil sie den Wunsch nach noch mehr Leistung auslöst. Manche mögen das für gut halten, aber ich halte von Zufriedenheit mehr als von Leistung. Ich kann ein Lied davon singen, weil ich fast nie zufrieden bin.

Muß es denn High-Fidelity sein? Auf was kann man verzichten, was kann man hinnehmen, an welche Schönheitsfehler können wir uns gewöhnen?

An **Klirren** – ich schrieb es schon – gewöhnt man sich nicht. Im Gegenteil, man wird immer gereizter, empfindlicher, schließlich böse.

Fehlende **Frequenzen** merkt man so lange nicht, wie man nichts Besseres hört. Wenn eine Anlage nur bis 10 000 Hz reproduziert, kann man es hinnehmen. (Obgleich Menschen, die nur bis 10 000 Hz hören, doch eine Wiedergabe bis zu 20 000 Hz »empfinden« und dankbar dafür sind.

Schlechter **Gleichlauf** ist hingegen unerträglich. Man will Musik, kein Jammern und Jaulen!

An Zischen und **Rauschen** gewöhnt man sich. Man löscht es im Hörzentrum des Hirns.

Bei Knacken und **Knistern** (Schallplatten) wird die Entscheidung schwierig. Es hängt ja auch nicht von der Anlage ab, sondern von der Platte.

Ich denke an zwei Schallplatten desselben Stückes in meiner Sammlung. Die eine hört sich an wie brutzelnde Bratkartoffeln in der Pfanne. Aber die andere mit genau derselben Musik ist schlechter interpretiert. Da höre ich mir lieber die »Bratkartoffeln« an.

Das Zischen erzeugt Unbehaglichkeit. Aber auch das liegt selten am Gerät. Oder ist reparabel.

Boxen mit zu geringer Leistung sind erträglich. Man darf die Anlage nur nicht überdrehen (»übersteuern«), sondern muß die Boxen nahe genug an sich heranbringen. – Der Kopfhörer mit seiner geringen Watt-Zahl ist das extreme Beispiel, daß HiFi auch ohne viel Watt funktioniert!

Noch nicht erwähnte ich das Baß-Bumsen zu schwacher **Boxen**. Die bumsen aber nicht, wenn man sie so nahe stellt, daß man nicht voll aussteuern muß. Musik mit Vollgas kommt aus keiner Box als HiFi.

Müssen es geschlossene Boxen sein? Ich habe »offene« Boxen getestet und mich auch an sie gewöhnt.

Nein, man muß nicht mit HiFi-Geräten seinen Hausstand gründen. Aber wenn man ein Bauteil auswechselt (zum Beispiel Plattenspieler) oder eines dazukauft (zum Beispiel Cassetten-Deck), dann soll man es hifi kaufen. Mag sich unlogisch lesen, weil doch die anderen Bauteile noch nicht hifi sind. Aber auch die anderen Bauteile wird man im weiteren Leben auswechseln, dann auch hifi. Und schließlich hat man die komplette HiFi-Kette, vom Tuner oder von der Platte bis zu den Boxen.

Entsteht allenfalls noch die Frage, was bei der Erstanschaffung wichtiger sei: HiFi oder Stereo?

Stereo hat nichts mit HiFi zu tun!

Aber heutige HiFi-Geräte sind durchweg auch für Stereo eingerichtet. Man muß keine 2 Boxen gleich anschließen. Später kann man einmal.

Und wie es auch sonst sei: HiFi ist Qualität. Stereo ist nur ein System und hat mit Qualität überhaupt nichts zu tun!

4. Stereo

Ich gebe unumwunden zu, daß der Mensch zwei voneinander getrennte Ohren hat. Damit ist es ihm leichter, die Richtung eines ankommenden Schalls auszumachen. Das war wichtig für den Jäger in prähistorischen Zeiten und ist sicherlich auch wichtig für jeden Fußgänger im Straßenverkehr.

Für den Musikfreund ist es eher von Übel!

Darum gaben sich die Architekten von Konzertsälen soviel Mühe: das Orchester sollte zu einem »in sich geschlossenen Klangkörper« verschmelzen.

Ein Lautsprecher ist kein Podium. Dachten deshalb die Lautsprecher-Techniker darüber nach, wie ein Lautsprecher das räumliche Klangerlebnis im Konzertsaal imitieren könne.

Schon vor dem ersten Weltkrieg kam eine Firma auf eine Idee: sie baute ihren Spitzengeräten einen leichten Nachhall ein (noch nicht zu verwechseln mit »Echo-Wirkung«!).

Erstes 3-D-Verfahren.

Nach dem Krieg kam der 3-D-Lautsprecher auf: nämlich 2 Lautsprecher – noch im Radiogerät fest eingebaut! –, die seitlich gegen unsere Zimmerwände schallten. So sollte der Nachhall aus dem Mini-Echo unserer vier Wände kommen.

Und dann verfielen die Ton-Techniker auf unsere zwei Ohren: nahmen die Musik mit 2 weiter voneinander aufgestellten Mikrofonen auf 2 unabhängigen Kanälen auf und boten uns dafür 2 getrennte Lautsprecher (Boxen) an, den einen mehr für das rechte, den anderen mehr für das linke Ohr.

Stereo-2-Verfahren.

Damit war das Verkaufsargument für ganz neue Anlagen geboren!

Und der Effekt ist tatsächlich verblüffend. Er widerspricht – theoretisch – dem Ansinnen der »getreuen Wiedergabe«. Denn im Konzertsaal hört man nicht von links und von rechts, sondern schlicht von vorn. (Den ganz, ganz vorn Sitzenden mag es anders ergehen, wenn das Podium von links bis rechts voll des erweiterten philharmonischen Orchesters ist.)

Ein Quintett nimmt allenfalls eine Breite von 4 bis 5 Meter ein, eine größere Band allenfalls 8 Meter. Die Zuschauer lauschen indessen – im Schnitt gerechnet – in 20 bis 30 Meter Distanz. Und da gibt es dann kein »stereophonisches Hören« mehr!

Ich bestreite keineswegs die auch mir zugesetzte Faszination, das Schlagzeug von rechts und die Trompete von links zu hören (Regel: Melodieführung soll aus dem linken Kanal kommen, Begleitung aus dem rechten), das ist sogar sehr lustig. Aber es hat nichts mit Wirklichkeit zu tun! Ganz im Gegenteil.

Die Stereophonie ist aber so schnell nicht wieder totzuschlagen. Schon deshalb, weil sie zwei Boxen anstatt nur eine kostet.

Der Hörfunk sendet alles, was musikalisch von Bedeutung ist, längst stereophonisch.

Neue Platten sind – fast – ausnahmslos Stereo. So bleibt uns als Konsumenten nichts anderes übrig, als unsere Geräte darauf einzurichten.

Zwischendurch nur die Frage, wie diese Stereophonie denn zu Hause an unser Ohr gelangt?

Das ist nur so lange stereo, wie wir unseren Korpus auf einen Stuhl zwischen den beiden Boxen pflanzen, und zwar so nahe, wie die Boxen voneinander entfernt stehen. Theoretisch gibt es bei Stereophonie also nur wenige Plätze im Zimmer, auf denen es stereophon zugeht.

Der Stereo-Effekt wird um so unplastischer, je weiter man von den Boxen entfernt zuhört. Und nach meiner Erfahrung sitzen die meisten Musikliebhaber zu weit.

Lohnt sich dann noch eine Stereo-Anlage für Musik?

Ja, sie lohnt immer noch. – Nicht beim Hörfunk, aber bei Wiedergabe von Stereo-Tonband, -Cassette und -Platte!

Alle diese ›Tonträger‹ haben getrennte Spuren für die beiden Boxen. Spielt man sie mit einem Mono-Gerät ab, dann hört man nur den einen Kanal, also fast nur die Hälfte. Und das ist ähnlich auch bei Platten neuerer Machart; ein Mono-Plattenspieler macht aus den ›korrespondierenden‹ Kurven nur eine Kompromiß-Soße. (Auch dann, wenn auf der Platte vermerkt ist: ›auch Mono‹.)

Was meinte ich vorhin mit ›Gerät‹? – Ich meine dasjenige, das Band oder Platte abspielt. (Tonband-, Cassetten-Gerät, Plattenspieler) Wenn das von beiden Kanälen Stereoabgetastete, miteinander in einem Kanal Gesammelte auf nur eine Box kommt, haben Sie zwar nicht Stereo, aber doch alles im Zimmer, was auf dem Tonträger ›stereo‹ gespeichert ist.

Konkrete Beispiele sind deutlicher: einige Jahre hing ich noch an einer Mono-Box mit 7 eingebauten Lautsprechern. Die übrige Anlage war bereits stereo. Ich vereinte die Stereo-Impulse in der Mono-Box und hatte damit den gleichen Effekt wie nun mit zwei getrennten Boxen ganz hinten im Zimmer, wenn ich ganz vorn – also weit entfernt von den Boxen – auf der Couch liege. – Und nun fragen Sie naheliegenderweise, warum, in Dreiteufelsnamen, ich nicht die Box behalten habe. Nun, die war eben nicht hifi, aber die neuen Boxen sind es!

Lassen Sie mich drum wiederholen: Stereo hat nichts mit HiFi zu tun, aber wer heute HiFi kauft, muß notgedrungen Stereo kaufen. (Aber wer preiswertes Stereo kauft, hat damit nicht zwangsläufig HiFi eingekauft!)

Stereo-4-Verfahren.

Nach der Entdeckung unserer zwei Ohren gerieten die Techniker auch auf unsere Ohrmuscheln und den Körperschall des Hinterkopfes. Und auch wieder auf den Nachhall. Wir hören im Konzertsaal auch den Nachhall von hinten! Flugs entstand die ›Ambiophonie‹: noch zusätzliche 2 Boxen werden hinter uns aufgebaut. Was gar nicht so dumm ist, denn dazu reichen noch die 2 Kanäle, die Stereo-Platten und Rundfunksendungen. Es verschafft ein wenig mehr Konzertsaal-Empfindung – wenn Sie die Hinterlautsprecher nicht zu hoch aufdrehen, sondern nur leise wie eine leichte Prise Salz, und gegen die Zimmerdecke richten oder die rückwärtige Wand. – Nur nicht zu sich hin!

Unter den Technikern gibt es einige Sorten, die einfach nicht zu bremsen sind, und eine Sorte davon sind die Ton-Techniker.

Sie verdoppelten abermals die Kanäle und gebaren die **Quadrophonie.**

Nehmen mit 4 Mikrofonen[1] auf, speichern auf 4 verschiedenen Kanälen, wollen von uns 4 Boxen im Zimmer.

Vielleicht auch ein Effekt, nämlich der, als stünden Sie nun mitten im Orchester oder der Band – links und rechts neben sich die Instrumente und auch welche vor und hinter sich. Manche werden da verrückt vor Begeisterung, nur – es hat überhaupt nichts mehr mit realer Wiedergabe zu tun. Hier wird es nur Geschmacksfrage. Quadrophonisten müssen keinen schlechten Geschmack haben, aber offensichtlich benötigen sie zusätzliche Reize, die ihnen die Wirklichkeit sonst nicht spendet.

Quadrophonie gibt es nicht im Hörfunk, und die Anstalten wehren sich auch entschieden gegen solche technische Belastung. – Quadrophonie gibt es auf Cassetten, selten auf Platten. – Acht Spuren auf dem an sich schon so schmalen Tonband in der Cassette müssen sehr schmal ausfallen. Ob das auch einmal HiFi-Qualität erreicht, weiß ich nicht. Aber dem Cassetten-Erfinder traue ich noch manches zu.

Quadrophonie für solche, die es zu heiß mögen.

All diese Techniken, auch, wenn sie auf Abwege geraten sind, werden von dem Drang getrieben, uns die Musik so ins Ohr zu bringen, als wären wir an Ort und Stelle, stünden vor dem Orchester oder der Band oder gar mittendrin.

Kunstkopf-Verfahren.

Da haben sich zwei Physiker ihre gesonderten Gedanken gemacht: warum denn ist das mit unseren Ohren so kompliziert? Und sie haben weiter gefragt, wo denn unsere Ohren sitzen und woran? – Am Kopf natürlich. Und wie so ein Kopf schalttechnisch denn beschaffen ist? Und die Gehörgänge samt Ohrmuscheln? Sie bauten einen künstlichen Kopf, künstliche Ohren; statt unserer Trommelfelle pflanzten sie kleine Mikrofone hinein und nahmen damit auf.

Die Kunstkopftechnik war geboren. – Sie kommt mit nur 2 Kanälen aus – weil wir ja auch nur zwei Ohren haben –, läßt sich also über Stereo-Hörfunk senden, in Stereo-Platten ritzen.

Von allem, was ich bisher hörte, ist das die beste Technik!

Wenn Quadrophonie – so unnatürlich sie ist – verrückt machen kann, macht einen der Kunstkopf kirre. – Hörspiele tun so, als stünde man inmitten der Szene. Stimmen umwandern uns. Der Ton ist endlich räumlich geworden.

Nur ein Handikap haftet dem Verfahren noch an: es geht nicht ohne Stereo-Kopfhörer!

Aber es wird zuweilen als Experiment gesendet; Sie können es auf Tonband oder Cassette aufnehmen. Der Platten-Produktion steht nichts im Wege.

Unter den Testsendungen waren auch Orchesterwerke. Ja, und da war der Effekt gar nicht mehr so hinreißend! Denn der Kunstkopf hörte – wie wir im Konzertsaal – das Orchester nur von vorn. Dazu allerdings ein leichter Nachhall-Effekt (weil der

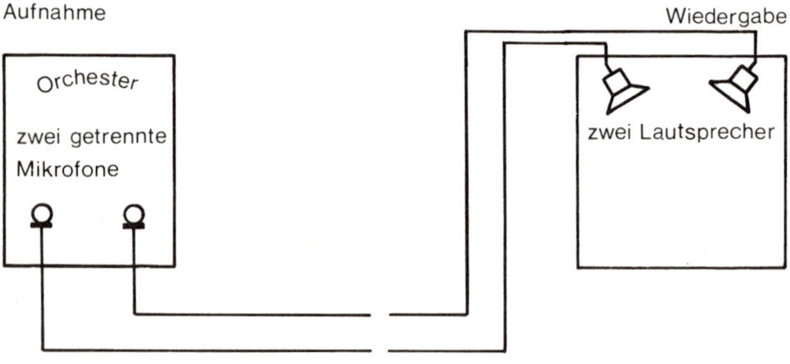

Stereophonische Übertragung mit zwei Übertragungswegen. Stereo hat aber nichts mit HiFi zu tun. *DHFI*

Kunstkopf auch von hinten mithört) wie in der Ambiophonie. Was beweist, daß HiFi wichtiger ist als Stereo und Stereo für Orchesterwerke und Kammermusik unerheblich ist.

Soll denn Musik ›wirklichkeitsgetreu‹ sein? – Bei klassischer Musik mit Meister-Interpreten sicherlich; wo Musik aber als Stimulans gedacht ist, als Pop und Rock und sonstwie, wo wir aufgeputscht werden wollen, Effekte vertragen, nicht voreingenommen sind, hochnäsig, ist der Technik alles erlaubt! Wenn's uns nur durchs Mark fährt.

Jeder braucht seine Musik. Und hier wiederhole ich drum: es gibt keine schlechte Richtung oder Art. Es gibt allenfalls triviale, d. h. einfallslose.

Wohin mit den beiden Boxen? – Wo sitzen Sie denn, wenn Sie Musik **hören**?

Es ist Ihr Kopf, der – möglichst aus gleicher Entfernung – von den Boxen beschallt werden muß. Denken Sie sich ein gleichschenkliges Dreieck von Ihrer Stirn zu den beiden Boxen, dessen Schenkel zusammen ungefähr 90° betragen müssen (Bild).

Wenn Sie näher daran sitzen, die Boxen also gespreizter voneinander stehen, haben Sie noch mehr Stereo-Effekt, hin bis zum Stereo-Kopfhörer-Effekt. Aber dann werden die Boxen zu laut,

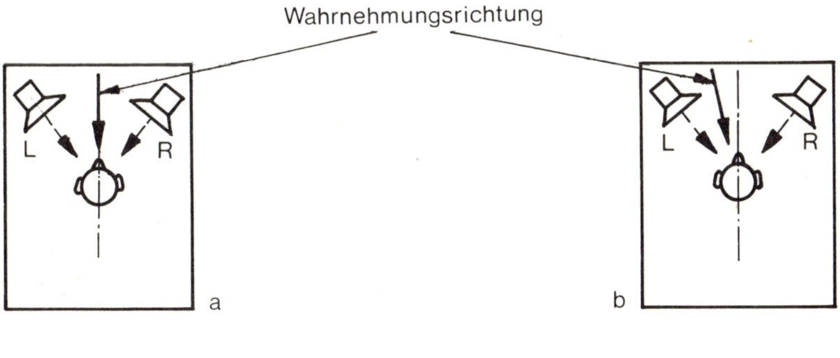

Stereophonische Wiedergabe: a) beide Lautsprecher strahlen den gleichen Schalldruck ab (Schallquelle in der Mitte) und b) beide Lautsprecher strahlen unterschiedlichen Schalldruck ab (Schallquelle scheint nach links verschoben). *DHFI*

Sie müssen den Lautstärke-Regler (Volumen) zurückdrehen – und warum das nicht gut ist, sage ich Ihnen später einmal.

Je weiter Sie entfernt von den Boxen sitzen, um so weniger stereomäßig kommt der Klang.

Wenn es sich nicht anders einrichten läßt, daß eine Box näher plaziert ist als die andere, läßt sich das am Gerät durch den Balance-Regler ausgleichen. Aber auch das hat seine Grenzen!

Ganz beliebt ist die Plazierung der Boxen in der Bücherwand. Und dann spielt plötzlich doch eine Box anders als die andere. Was ist denn da los? – Es liegt an den Wänden! Die eine Box schallt vielleicht streifend an eine Querwand, es bilden sich verstärkende Hall-Reflexe. Oder die andere Box strahlt gerade in eine Nische Ihres Raumes hinein; da wird der Ton geschluckt. – Meist läßt auch das sich mit dem Balance-Regler ausgleichen.

Oder die Boxen haben unterschiedliche Klangfarbe.

Lautstärke und Klangfarbe sind bei gleichen Boxen doch nicht

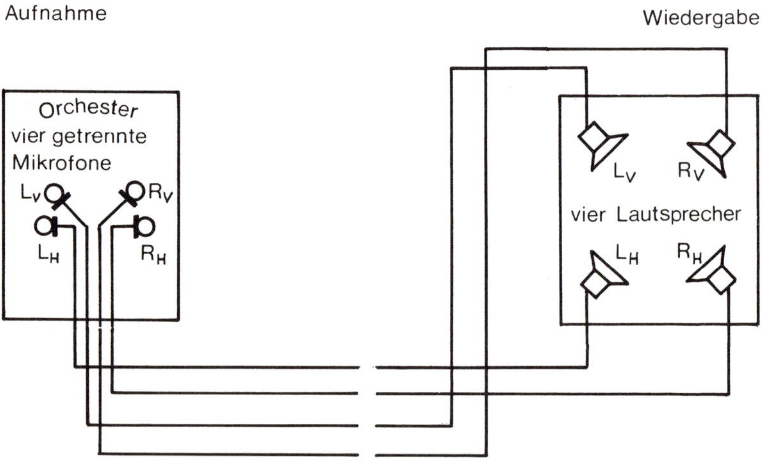

Quadrophonische Übertragung mit vier Übertragungswegen. Mit Quadro redet man uns ein, eine neue Anlage kaufen zu müssen. – Auch das ist anti-HiFi, allenfalls erschrecklich effektvoll!
Ambio (nicht dargestellt) ist Stereo mit 4 Lautsprechern, zwei laute vor, zwei leisere hinter Ihnen. Nicht schlecht: mimt das, was Sie im Konzertsaal als Schall-Reflexe von hinten erhalten. *DHFI*

immer gleich; das liegt an der Fabrikation. Manchmal genügt aber ein großes verglastes Bild im Schallbereich einer Box, ihre Klangfarbe zu ändern.

Wie weit plaziert man Boxen voneinander? – Meist ergibt es sich nach der Regel des gleichschenkligen Dreiecks, jedoch oft auch aus der Entfernung oder aus ihrer Lautstärke. Schwache Boxen darf man nicht zu entfernt aufstellen – und damit nicht zu weit auseinander –, weil man sie bis zum eigenen Ohr zu hart aufdrehen muß. Dann bumsen die Bässe, Hochtöne werden grell, der Ton insgesamt gequetscht. – Faustregel: ›geschlossene‹ 20-Watt-Boxen nicht weiter von Ihnen entfernt als 3 Meter, Abstand der Boxen voneinander nicht weiter als etwa 3 bis 4 Meter.

Bei 4 Meter Abstand zwischen Ihnen und den Boxen müssen 30 Watt her! (Sinus-Leistung, nicht ungenormte ›Musik-Leistung‹!)

In größeren Räumen, Hallen, Ateliers 40- bis 60-Watt-Boxen, auch mehr. Und entsprechende Abstände der Boxen voneinander.

Stereo läßt sich nicht genau errechnen; das müssen Sie in Ihrer Wohnung ausprobieren.

Unproblematisch ist der Kopfhörer. Keiner hört das, was Sie hören. Für Ihre Liebste allenfalls können Sie einen zweiten Kopfhörer anschließen, aber da wird der Rundfunkhändler schon verlegen. Auch darauf kommen wir noch. Nicht auf den Händler, sondern auf den Kopfhörer, versteht sich.

Die zusätzlichen ›hinteren‹ Lautsprecher für ›Ambiophonie‹ dürfen etwas kleiner sein als die Hauptlautsprecher von vorn, aber nicht billigen Typs. Sie sollen hohen Tönen gewachsen sein, um Himmels willen nicht dumpf klingen. – Der Hinterschall im Konzertsaal besteht zwar mehr aus tiefen Tönen, aber unser Gehör hört nach hinten hoch, nicht tief.

Bei Quadrophonie dürfen Sie anstellen, was Sie wollen, weil es nichts mit Naturtreue zu tun hat, sondern mit Pep. Machen Sie sich Ihren Pep so, wie Sie gepfeffert sein wollen.

Bei Kunstkopftechnik: Baß-Regler und Hochton-Regler auf ›Mitte‹ stellen. Eventuellen Presence-Regler auf ›neutral‹. Nur

›geschlossene‹ Kopfhörer verwenden, die keinen Außenlaut Ihrer Wohnung an Ihre Ohren heranlassen. (Zum Beispiel Frage Ihrer Frau: »Warum guckst du so komisch?« Oder die Türklingel.) – Wer keine Kopfhörer für den Kunstkopf hat: beide Boxen rechts und links auf 1 Meter nahe dem Ohr aufstellen. Das ist nicht ideal, aber vermittelt doch schon Kunstkopf-Impression.

Fazit: praktikabel bleibt nur die 2-Kanal-Technik. Damit scheidet die Quadrophonie aus. – Es bleiben: Stereo, Ambio und Kunstkopf.

Von den sogenannten HiFi-Geräten hier noch gar nicht zu reden.

Muß man all das Geld ausgeben – für ein bißchen Musik?

Sie müssen keineswegs – aber eines Tages tun Sie es dennoch. Und wenn Sie dann falsch beraten werden, schleicht sich Unmut in Ihre Seele. Es ist zu Hause nicht mehr gemütlich, es überkommt Sie nicht die erwartete Entspannung. Sie werden am Ende ein mieser Kerl.

Alle Geräte, die in diesem Buch vorkommen, kosten in der Herstellung ein Zehntel des Endverkaufspreises. Aber damit sind sie immer noch billig, gemessen an dem, was zu Ihrer Lebensfreude beiträgt.

1 In Wirklichkeit sind es – auch bei Stereo – noch mehr Mikrofone, deren Aufnahmen gemischt werden, allerdings so, als wäre von 4 Standpunkten aufgenommen.

5. Auto-Radio

Eine Situation gibt es – und sie ist recht häufig –, da man ohne Radio nicht mehr auskommen kann. Es hat nichts mit Freude an der Musik zu tun oder Spaß am Hörspiel, sondern mit der eigenen Sicherheit: das ist beim Autofahren!

Das Bord-Radio ist unentbehrlich geworden, seitdem es den **Verkehrsfunk** gibt. Damit lenken Sie Ihr Auto zeitig genug auf Umleitungen und bleiben nicht in einem Stau stecken. Und prallen auch seltener auf einen Vordermann auf!

Beim einfachen Bord-Radio ohne Decoder für Verkehrsfunk ist das noch eine unsichere Angelegenheit: Sie stellen einen Sender ein, hören mittelmäßige Musik, wissen aber nicht, ob die vom Vekehrsfunk stammt. (Kenner erkennen das manchmal doch, denn meist ist es besonders mittelmäßige Musik, weil der Verkehrssender seine Hörer musikalisch nicht überbeanspruchen will.)

Mit der **Senderkennung** geht es einfacher. Sie braucht – bisher – ein zusätzliches Kästchen (zu kommodem Preis) mit einem roten Lämpchen. Wenn es gelb aufleuchtet, ist Ihr Bord-Radio auf einem Verkehrssender. – Das Kästchen hat noch einen Knopf; wenn Sie auf den drücken, müssen Sie nicht mehr hinschauen, denn alle anderen Sender sind nun stumm geschaltet. Sie drehen den Stationsknopf so lange – oder drücken Suchlauf –, bis es aus dem Lautsprecher kommt. Auch wieder ein Verkehrssender!

Aber welcher? – In manche Gebiete fallen verschiedene Verkehrssender ein. Vielleicht kutschieren Sie gerade nach Württemberg hinein, hören aber doch ›Bayern 3‹. – Dagegen gibt es die **Gebietskennung.** Ein erweitertes Zusatzkästchen am Bord-Radio wird dafür fällig. Sie drücken den Knopf, zum Beispiel ›C‹, und empfangen nur den Verkehrssender aus dem Gebiet C. (Kommt auf den Markt, ist vielleicht schon da, wenn Sie diese Lektüre lesen.)

Aber muß man dazu immer das Bord-Radio eingeschaltet haben? 12 % der Zeit kommt Werbung. Wir nehmen sie knirschend hin, weil wir müssen. Und wir müssen, weil die Werbung den Verkehrsfunk ein wenig mitfinanziert. Also müssen wir unsere Zähne dankbar knirschen!

Und auch dagegen wird Abhilfe geschaffen: die **Meldekennung.** In naher Zukunft können Sie entweder:
a) einen anderen Sender abhören oder
b) Cassetten abspielen oder
c) das Radio überhaupt ausschalten.
Sobald eine Verkehrsdurchsage kommt, schaltet sich Ihr Bord-Radio auf die Ansage ein, und dann sind Sie wieder informiert, also schlauer.

Ist man dann wirklich viel schlauer? – Bisher werden Durchsagen nur in die Musik eingeblendet, wenn sich an der Verkehrs-Situation etwas geändert hat (»Stau bei Fürstenfeldbruck löst sich auf« – oder »Im Baustellenbereich bei Holzkirchen ist ein Schwerlaster umgefallen«). Frischweg vom Start hören Sie also Durchsagen nur, wenn etwas Neues los ist, fahren unbeschwert auf einen Stau zu, einen Unfall, von dem Sie nichts wissen, weil sich an ihm seit ¾ Stunden nichts geändert hat. – Auch das wird besser werden: Durchsagen alle 10 Minuten, so hoffe ich.

Wenn man aber schon ein Bord-Radio hat, soll man es auch für Entspannendes benutzen. Zum Beispiel für **Musik.**

Vor einigen Jahren testete ich Autofahrer mit mannigfaltigen Geräten und ärztlichem Beistand auf Streß im Vergleich zur Fahrkonzentration. Zum Versuch gehörte auch das eingeschaltete Bord-Radio.

Ohne Radio: hohe Konzentration, aber auch viel Streß!

Mit Musik: umgekehrt.

Was ist das größere Fahr-Risiko, Streß oder mangelnde Konzentration am Steuer?

Mit Streß riskiert man den Herzinfarkt. Mit Musik den Unfall.

Es kommt auf Sie an. – Wenn Sie schon älter sind, gar bereits herzleidend, riskieren Sie lieber den Unfall. Denn den Unfall gibt es nur einmal – und gewiß ist er nicht! –, der dauernde Streß aber macht aus Ihnen einen sogenannten Risiko-Patienten!

Nachrichten lenken noch mehr ab als Musik. Meist fangen sie an: »Die Tarifpartner ...« Und hören auf mit dem Wetterbericht.

Am gefährlichsten im Auto ist das Hörspiel! – Darauf sollten Sie sich am Lenkrad nie einlassen. Es ist für Leute im häuslichen Sessel, nicht für Autofahrer gedacht.

Werbung ist ungefährlicher. Man kann sie als ›Kulturspiegel‹ nehmen und lernt dabei, für wie dumm wir verkauft werden, damit wir kaufen. Die meisten sind wirklich so dumm. Aber seien Sie da nicht zu kritisch, sonst zweifeln Sie an der Menschheit.

Wie soll das Bord-Radio beschaffen sein?

Erst einmal so, daß es in die dafür vorgesehene Aussparung Ihres Autos paßt. Denn wenn Sie es irgendwo anders anschrauben lassen, kann es beim Unfall gefährlich werden: in Richtung der Kniepartien zum Beispiel.

Welche Knöpfe muß es haben? Zuerst **welche Wellenlängen?**

UKW ist ortsgebunden. Wer vorwiegend aus seinem Sendebereich hinausfährt, muß auf einen anderen UKW-Sender umschalten. Dafür gibt es Festtasten, die man vorher einstellt. In unserem Bundesgebiet würden also 5 bis 6 Drucktasten für UKW genügen.

Und doch kommen manch wichtige Nachrichten noch über Mittelwelle (zum Beispiel »Deutschlandfunk« mit Nachrichten zu jeder vollen Stunde). Also Mittelwellenknopf (mit Suchdurchlauf).

Die Langwelle wird einziger Empfang, wenn Sie in tiefe Schluchten der Alpen geraten.

Die normale Kurzwelle hingegen hat im Auto nichts zu suchen. Sie auf der Skala einzustellen ist allein schon diffizil!

Den Kaufpreis für das Bord-Radio bezahlt man nur für Bedienungs-Komfort, nicht für *HiFi*. Denn in keinem Auto gibt es wahres HiFi! Es möge aus dem Lautsprecher (die in dieser geringen Wattstärke eo ipso nie der HiFi-Norm entsprechen können) noch so hifiisch klingen, die Fahrgeräusche sind – nach Definition des High-Fidelity Instituts – Klirrfaktoren, nämlich zusätzliche Geräusche um die + 80 dB bei 120 bis 140 km/h. Da also läßt sich Geld sparen!

Muß es **Stereo** sein? – Es schadet bestimmt nicht, aber was soll's? Das Auto hat so viele gläserne Reflektoren, daß alles Stereo vermischt und verwischt wird. Kopfhörer wären kriminell! – Musik im Auto ist auch weniger zum vollendeten Genießen da, sondern zum Zeitvertreib, zur Unterhaltung. Und Hörspiele – bei denen Stereo einen dramaturgischen Effekt erreichen kann! – sollen Sie sich im Auto ja nicht anhören, um heil ans Ziel zu gelangen.

Cassetten-Spiel im Auto? – Das Einlegen und Wechseln der Musi-Cassetten ist so einfach, daß Sie nicht (oder kaum) hinzusehen brauchen. Darum bin ich dafür! – Sie haben dann die Musik wie ein Wunschkonzert. Und können – bei manchen Recordern – auch Memoranden auf Cassette diktieren.

Radio-Empfang auf Cassette überspielen? Bei manchen Geräten geht das. Aber wozu? Gute Musik wäre ein unwahrscheinlicher Zufall und überdies der Empfänger zu simpel, um eine im Auto so gespeicherte Musik in Ihrer Heimanlage auf HiFi-Anlage wiederzugeben. Und für die andere Musik lohnt sich nicht das Knöpfedrücken, denn erstens kriegt man die ›andere Musik‹ bequemer im Laden, und zweitens soll man kein Ton-Ingenieur sein, wenn man ein Gefährt von 900 bis 1800 Kilogramm und 60 bis 180 km/h steuert.

Fazit: Kaufen Sie das Radio nach Ihrem Geldbeutel ein. Zu einfach ist es unbequem in der Bedienung. Zu raffiniert wird es zu teuer.

Verkaufen Sie mit dem gebrauchten Auto nie das Radio! Es zahlt kaum einer dafür einen Pfennig mehr für Ihr altes Auto.

Wichtiger als guter Ton, gar HiFi oder Stereo ist die an- oder eingebaute Senderkennung, wichtig wird die Bereichskennung. Großartig wird die Durchsagekennung werden!

Wer soll das Auto-Radio **einbauen**?

Wo es ab Werk schon eingebaut ist, ohne Preiszuschlag, im Listenpreis (oder bei uns: zum empfohlenen Richtpreis) gibt es nur dürftige Radios (Luxuswagen ausgenommen). Die kommen meist aus dem Ausland, und bei uns kann sie keiner reparieren. Und unsere genormten Bord-Radio-Chassis passen nicht in die Aussparung.

Das Radio kann der Autohändler einbauen, aber auch das Radio-Geschäft. Inzwischen ist diese Alternative ohne Belang: die Hersteller von Auto-Radios beliefern Autohändler wie Radiomann mit gedruckten Anweisungen für jeden Autotyp. Und dazu mit allem Entstör-Zubehör. – Ich bevorzuge den Autohändler, weil der mit seinen Autos mehr Erfahrungen hat, weil der weiß, wo und wie man eine Verkleidung entfernt, um ein Kabel richtig zu verlegen. Der weiß vielleicht auch, daß – was in der gedruckten Einbau-Anleitung des Radios nicht steht – zum beispiel der Scheibenwischer noch stören kann oder das Blinker-Relais.

Vor automatisch ausfahrenden **Antennen** sei gewarnt. Sobald sie zu schmutzig werden oder krumm, klemmen sie.

Teleskop-Antennen sind Witzbolden auf der Straße ausgeliefert, wenn Sie Ihr Auto geparkt haben; die machen einen Knick hinein und kichern hinterher schadenfroh.

Am sichersten sind Stahldraht-Antennen. Wer die knickt, hat kein Kichern davon, denn sie lassen sich wieder geradebiegen. – Nur im Schnellwaschdienst mit rotierenden Bürsten sind solche Antennen Ungemach ausgeliefert. Drum müssen sie abschraubbar sein.

Das Abschrauben haben inzwischen auch die Witzbolde herausgefunden und schrauben Stahldraht-Antennen ab. Abhilfe: beim Parken in finsteren Gegenden die Antenne selber abschrauben und ins Auto legen! Desgleichen beim Schnellwaschdienst.

Antenne rechts oder links? – Wir haben Rechtsverkehr. Eine rechts montierte Antenne streicht auf schmalen Pfaden oder beim Ausweichen an herunterragende Zweige, am Buschwerk. Drum lieber links!

Vorn oder hinten? – Vorn ist sie näher am Empfänger, aber hinten weiter von den elektrischen Störungen des Motors entfernt. Hat dann aber auch eine längere Zuleitung nötig, verliert an ›Feldstärke‹. Aber dagegen gibt es Zwischenverstärker! – Möglichst vorn, nur bei Anweisung des Radio-Herstellers auf Ihren Wagen zugeschnitten: hinten.

Teleskop-Antennen sollen wir nicht mit Öl behandeln. Sie behaupten, mit Silikon genügend geschmiert zu sein. Geschmiert sind sie sicherlich, aber nie genügend. Öl macht sie zu Staubfängern, und hinterher gehen sie noch kratziger und widerborstiger. Beste Erfahrung: mit Pflegewachs für Autolack behandeln. Das wird auf seiner Oberfläche hart, beklebt sich nicht mit Staub, aber schmiert ausreichend. (Besprühen mit Graphitstaub hält nicht!)

Beansprucht das Bord-Radio unsere Batterie? Das zu wissen ist wichtig bei schlechtem Wetter, wenn wir alle anderen ›Verbraucher‹ auch eingeschaltet haben, die Nebelscheinwerfer, das Nebelheckllicht, die Scheibenwischer, die Heckscheibenbeleuchtung u. a. m. – Die alten Röhren-Radios verbrauchten etwa 25 Watt, die heutigen Transistoren kommen mit kaum 5 Watt aus. Radio ist also kaum je Belastung der Stromversorgung!

Aber Cassetten-Recorder belasten, weil sie einen Antriebsmotor haben. Bei Fahrten im Unwetter, bei Nebel oder Schnee sich also lieber mit dem Hörfunk begnügen als individuelle Cassetten laufen lassen.

Bei UKW-Empfang mag Ihr Auto noch so perfekt entstört sein, plötzlich – aber nicht immer! – geraten doch knisternde Störungen in den Empfang. Die kommen von Gummis:
a) Manche Reifen bei mancher Witterung laden sich statisch auf. Dagegen wurden Kohlebürsten in der Radnabe konstruiert. Viel einfacher: Gürtel-Reifen mit Stahl-Karkasse!
b) Vom Ventilator-Riemen. Dagegen wurden besonders schmale Keilriemen konstruiert, nur passen die nicht in jedes Auto. Aber heute gibt es auch breite Keilriemen mit Stahleinlage. Und wenn Ihr Zubehörhändler davon nichts wissen sollte: Keilriemen mit pulverisiertem Graphit dick bestäuben! Dann gerät er zwar

leichter ins Rutschen, aber läßt sich wieder bändigen, wenn Sie die richtige Riemenspannung einstellen lassen.

Einmal fuhr ich wieder ein Auto ganz ohne Radio. Unversehens sang ich im Fahren ein paar Liedchen und fand mich prachtvoll. Ich geriet in einen Stau, aber in so naiver Stimmung, daß ich geduldig blieb und keineswegs fluchte. Ich erkannte, daß ich zu spät zu der Besprechung kommen würde. Aber es war ja »höhere Gewalt«, nicht wahr? Ich hörte auch keine Musik und keine Werbung und fand das olle Vehikel prächtig. Weil ich so unbelastet war!

Kommt man doch ohne Bord-Radio aus? – Nicht, wenn man perfekt ist, nur dann, wenn man Lebenskünstler ist.

6. Koffer-Radios

Haben auch noch nichts mit HiFi (oder selten Stereo) zu tun. Darum bedürfen sie eigentlich nicht vieler Worte. Allein muß man sich fragen, warum man ein Koffer-Radio kauft.

Nach dieser Frage gibt es eine Menge plausibler Gründe, sich doch so ein Ding anzulachen.

Weil es ein technisches Wunder ist, wenn ich es mit dem Aufwand vergleiche, den unsere Väter oder Großväter betreiben mußten, um ein paar Mittelwellen-Stationen über eine Dach-Antenne mit Radio-Eiern zu empfangen.

Die Freude am technischen Wunder war mir schon immer Grund genug, ein Koffer-Radio einzukaufen.

Grob unterscheiden sich diese Radios einfach in kleine und in große.

Die ganz kleinen Dinger holen nur nahe Sender und können keine rechte Musik machen, sondern nur quäken. Dafür passen sie in die Jackentasche. – Sie sind für Nachrichtenempfang aus der Umgebung. Dem Fischer oder Jäger geben sie die Wettermeldung bekannt. Oder die letzte Runde der ›Tarifpartner‹, wenn der Radio-Besitzer vielleicht Arbeitgeber ist. – Nun, mit Ausnahme des – selten zutreffenden – Wetterberichts haben alle Nachrichten Zeit. Und das schönste an neuesten Nachrichten ist, daß sie morgen schon überholt sind!

Die normal-kleinen und die größeren unterscheiden sich auch durch den Ton. Es bleibt unbestreitbar, daß kleine Lautsprecher mieser tönen als große. Mit einem etwa 20 cm breiten Koffer-Radio holt man zweifellos mehr Stationen als mit dem Taschengerät; in Nord-Italien empfängt man noch »München« oder die »Deutsche Welle«. Die kleinen sind den Minis also nur in der Empfangs-Leistung überlegen – aber kaum im Ton. Denn zwi-

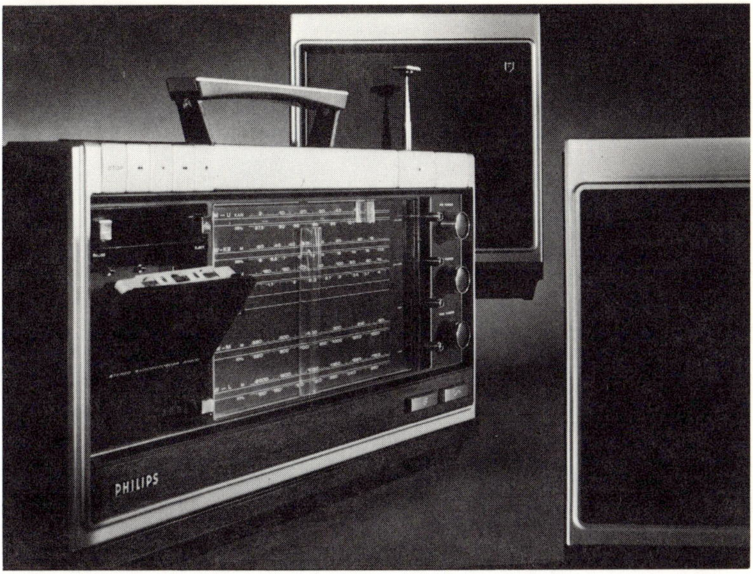

Reise-Transistor mit integriertem Cassetten-Recorder. Verstärker für zwei schwächliche Boxen (Stereo). *Philips*

schen kläglich und häßlich kennt der gute Ton keine Unterschiede; beides ist nach 10 Minuten unerträglich.

Erste Zwischenbilanz: Taschen-Radios nur für Nachrichten und Nahempfang. – Normalkleine nur für Nachrichten, aber auf etwas größere Entfernung.

Mittelgroße Koffer sind Kompromisse, weil ihre Lautsprecher fast ausnahmslos immer noch zu klein geraten sind.

Erträglichen Ton gibt es erst aus Koffern von etwa 1/2 Meter Breite! Vorausgesetzt, der Lautsprecher ist da nicht wieder auch zu klein geraten, zum Beispiel dadurch, daß noch ein Cassetten-Recorder eingebaut ist. Der Lautsprecher soll etwa 10 cm Durchmesser aufweisen, trotz eventueller Beteuerungen des Verkäufers, daß ein kleinerer Lautsprecher so gut wie ein größerer sei, weil in ihm besondere Technik walte. Denn die waltet im allgemeinen gar nicht.

Taschen-Radio (aufgeklappt). Natürlich nicht HiFi, aber voll ausreichend für Nachrichten. Information aus der Hosentasche ist schon Hexerei!
Philips

Zweite Zwischenbilanz: sich zwischen klein und groß entscheiden, Dazwischenliegendes ausstreichen. – Große Koffer für musikalischen Genuß.

Der Musik-Genuß wird von uns zuweilen im abendlichen Hotelzimmer ersehnt.

Aber nicht am Badestrand oder im Boot. Denn da soll man die Natur genießen und braucht dazu keine musikalische Begleitung!

Die *Klitzekleinen* für die Jackentasche kommen mit Mittelwelle allein aus – weil sie ja nicht für Musik bestimmt sind (oder nur für ganz bescheidene Gemüter).

Die *Normalkleinen* (20 cm Breite) haben meist schon UKW, aber nicht wegen der Ton-Schönheit, sondern weil UKW am störungsfreiesten kommt. Weil Sie mit dem Kleinen auch über Landesgrenzen oder Alpen vielleicht die Heimat hören wollen, auch in einem tiefen Tal, darf auch Langwelle darin sein. – Für Kurzwelle sind die Dingerchen zu schwach und zu wenig selektiv; die eingestellte Kurzwelle rutscht Ihnen dauernd davon.

Die *Großen* (50 cm Breite) sollen neben allen Wellenbereichen auch die Kurzwelle empfangen, aber nicht alle Frequenzen, sondern ein bis zwei ausgewählte. Andernfalls sind sie zu schwierig zum Stations-Suchen und rutschen vom Eingestellten auch wieder zu schnell ab.

Auch die *Großen* produzieren kein HiFi. Es wird auch nicht HiFi daraus, wenn man ihnen einen Verstärker (Amplifier) anschließt und auf 40-Watt-Boxen schaltet. Es fehlen die oberen Frequenzen (alleroberste Töne, Oberschwingungen). Die großen Koffer sind allenfalls bei nahem Sender rauschfrei und ohne Klirrfaktor. Darum gewöhnt man sich auch an sie, wenn man nicht vor seiner HiFi-Anlage sitzt, sondern einfach nur froh ist, einigermaßen ›saubere‹ Musik zu hören. Oder ein Hörspiel einzufangen.

Gute Koffer sollen:

a) eine Klangblende haben. (Leider haben sie selten 2 Klangblenden getrennt, eine für Bässe und eine für die hohen Töne.);

b) sie sollen eine Buchse zum Anschluß eines Tonbandgerätes haben und auch für kleine Plattenspieler (über diese Buchse lassen sie sich meist an einen Verstärker anschließen!);

c) sie sollen ein Kabel für Netzbetrieb im Bauch haben, für den Fall, daß Sie den Koffer auf einer 4wöchigen Urlaubsfahrt bei sich haben, wo die kleinen Batterien ihren Geist aufgeben würden.

Sobald die größeren Koffer noch einen Cassetten-Recorder in sich tragen, wird der Lautsprecher – bei gleicher Größe des Gerätes – wieder kleiner, und dann klingt es miserabel. Mit den Cassetten haben Sie zwar die Wahl des Programms, aber keine rechte Freude.

Oder bin ich hier voreingenommen? Denn es gibt ja auch die ›Hintergrundmusik‹, der man nicht lauscht, sondern sich dazu unterhält oder knutscht. Nun, mit schönem Ton aus dem Hintergrund – finde ich – knutscht sich's auch schöner.

Schon die *Mittelgroßen* mit Cassetten-Recorder können ein eingebautes Mikrofon haben (oder ein anschließbares, über Kabel). Das ist eine sehr lustige Sache. Sie können dazwischenreden, aber keine Diktate aufnehmen! Als Diktiergerät – und das gehört schon hierhin – sind primitive Recorder im Abschalten zu träge: sie verschlucken beim stoßweisen Abhören des Diktats ganze Silben. (Mehr darüber unter Tonband und Cassetten!)

Nun habe ich immer nur von der Breite der Geräte geschrieben, nie von der Dicke oder vom Gewicht.

Tatsächlich gibt es Supergeräte, die noch dicker und noch schwerer sind. Nicht für den allerbesten Ton sind sie konstruiert, sondern für Empfangsstärke. (Zum Beispiel mit 5fach unterteilter Kurzwellen-Skala!) – Zu empfehlen auf Expeditionen, auf Kreuzfahrten im Atlantik, auf Safari oder für Entwicklungshelfer im Dschungel.

Wie **kauft** man ein Kofferradio?

Niemals sofort. Erst einmal überlegen, für welchen Zweck es gekauft werden soll:

a) Nachrichten aus kurzer Entfernung,
b) Nachrichten auf längere Entfernung,
c) wohltönende Musik unterwegs,
d) für den Dschungel.

Dann noch immer nicht kaufen, sondern ausprobieren:

1. das Gerät probeweise mitnehmen, zu Hause ausprobieren, im Keller, in der Garage, im Großstadtverkehr;
2. Stationen von einem bis zum anderen Ende der Skala aufsuchen, denn manche Geräte sind nur auf Mitte Skala empfangsstark, an den Rändern werden sie schwach;
3. eine volle Stunde lang im Zimmer plärren lassen und dabeibleiben;
4. etwas schwächere Sender einstellen und immer noch dabeibleiben, zuhören!

Koffer-Radios ersetzen kein Auto-Radio. Unbefangen habe ich manchmal ein Koffer-Radio an die Auto-Antenne angeschlossen. Das hat noch nie funktioniert. – Einzig im Cabrio kann man ein Koffer-Radio auf den Nebensitz stellen und die Antenne ausziehen. Sobald man bremst, rutscht es vom Sitz. Es mag gehen, aber es bringt Probleme, und Probleme machen uns zu schlechteren Autofahrern!

Darum gibt es das Bord-Radio, das man aus der Halterung

ziehen und mit aufs Zimmer nehmen kann. Aber das hat dann einen kläglichen Lautsprecher.

Fazit: erst das Radio fürs Auto installieren lassen. Danach erst ein Koffer-Radio kaufen (oder ein Taschen-Radio, wenn's nur um Nachrichten geht).

Wie alt werden Koffer-Radios?

Erstens werden sie nur so alt, wie bald ein moderneres Gerät auf den Markt kommt und Sie vermeinen, immer das Modernste haben zu müssen.

Zweitens wird es nicht älter, als bis es von ausgelaufenen **Batterien** zerfressen wird. Es gibt Super-Dry-Batteries, aber auf keine ist garantierter Verlaß, daß sie ewig ›dry‹ bleibt. Sobald sie undicht wird, läuft Ätzendes aus und zerfrißt die Elektronik!

Gegen modernere Radios weiß ich keinen Rat.

Gegen auslaufende Batterien aber doch: immer herausnehmen, wenn man den Koffer nicht in Betrieb hat. Zumindest einmal im Jahr. Am leichtesten zu merken ist die österliche Zeit.

Wer mit seinem Koffer nicht auf mitgeführte Cassetten verzichten will, steht vor der Frage: Recorder im Koffer oder extra gekauft und nebenher mitgenommen? – Denken Sie an den eingebauten Lautsprecher! Er soll so groß wie möglich sein. Und dann bleibt kein Platz mehr für den Recorder. Und darum lieber einen getrennten Recorder kaufen und mit in das Gepäck packen. Ich meine – wo es nicht um Hintergrundmusik geht, bei der Sie vielleicht einen Skat kloppen oder sonstwas, sondern wo Sie wirklich Musik hören wollen.

Wer ein Koffer-Radio kauft, kommt mit sich – aber auch mit den anderen Menschen – nicht genügend zurecht; er will ein Vakuum füllen. Denn auch im einsamsten Hotelzimmer braucht man weder die neuesten Nachrichten noch Musik, wenn man sich mit seinen Gedanken beschäftigt. Und selbst zum Lieben braucht man keinen musizierenden Hintergrund. Koffer-Radios erinnern mich an Moltofill, mit dem man Löcher und Fugen zuspachtelt. Darum scheint das vernünftigste Koffer-Radio ›gar keins‹ zu sein! – Doch das ist intellektueller Trug: es gibt nämlich gar keinen Menschen, der sich selber unentwegt ausfüllt. Wir alle brauchen seelisch ›Moltofill‹, Nachrichten oder wohltuende Musik. – Wer's nicht braucht, ist mir verdächtig und wird in der Klapsmühle enden!

7. Radios am Netz

(Tuner, Receiver, Empfänger)

Sie müssen gar nicht wissen, wie er es anstellt, sondern nur, was:

Der Tuner fängt die gesendeten Wellen auf und pellt die ›Signale‹ – das sind die Ton-Impulse (Sprache, Musik, Geräusche) – von den herantragenden Wellen ab. Dann bleiben nur noch die Impulse. Die ›Träger-Frequenz‹, die Ihnen so bekannten Wellen bestimmter Länge (Kurz-, Mittel-, Langwellen) werden ad acta gelegt, denn die waren zum Herbringen und Aussortieren da, aber nun brauchen Sie die nicht mehr.

Was nun im Tuner (oder ›Empfänger‹) als elektrische Impulse übrigbleibt, reicht nicht für einen – oder gar zwei – Lautsprecher. (Es reicht bei ganz nahen Sendern allenfalls für einen Kopfhörer, wie in Zeiten des ›Detektors‹.) Überdies ist er tonlich nicht ganz astrein, jedenfalls hat er keine HiFi-Qualität.

Auch ohne HiFi muß das Angekommene ein wenig entzerrt werden, auf das menschliche Ohr, auf Naturgetreuheit umgebügelt werden. Darum hat fast jeder Tuner einen sogenannten Vorverstärker. Besser sollte er ›Entzerrer‹ heißen. Vorverstärker heißt er, weil er in einem Arbeitsgang – es läßt sich kaum vermeiden! – die schwachen Impulse etwa um das 100fache verstärkt.

Doch auch das reicht noch nicht für Boxen!

Ein reiner Tuner bewerkstelligt allein den Empfang, das Aussortieren der Wellen (bzw. Sende-Frequenzen) und das Entzerren.

Reine Tuner sind selten geworden. In der Mehrzahl haben sie gleich den eigentlichen (Haupt-) Verstärker im Bauch, den Amplifier, um genügend Dampf für die Boxen zu liefern (›Empfänger-Verstärker‹).

Immer aber noch gibt es Fans, die ihre Anlage nach dem **Baukasten-Prinzip** zusammenstellen, zum Beispiel Empfänger, Verstärker, Boxen. Tatsächlich hat dies Vorteile: man kann jedes Glied dieser Kette auswechseln, zum Beispiel wenn eines defekt ist. – Es hat den Nachteil, daß man beim Einschalten zwei Knöpfe drücken muß (›ein‹), nämlich für den Tuner und für den Verstärker. Ein Fan tut das gern!

Es hat den Vorteil, daß man sich zum Beispiel einen anderen Empfänger zulegen kann, wenn es einem die Empfangsverhältnisse raten. Man muß nicht gleich ein komplettes ›Radio‹ mit eingebautem Verstärker einkaufen!

Oder man kann seinen Verstärker (Amplifier) auswechseln – weil es einen besseren gibt – und braucht dazu keinen neuen Empfänger (Tuner).

Überhaupt ist man mit dem Baukasten-System flexibler!

Und weil wir damit beim Tuner sind: welche **Wellenlängen** (Sende-Frequenzen) soll er denn holen können?

Beim Koffer-Radio habe ich das schon zergliedert. Aber beim ortsgebundenen Gerät wird die Sache viel einfacher:

a) Wessen Anlage eo ipso nicht hifi ist, kann auch – gelegentlich, zum Beispiel des Nachts – Mittelwelle hören. Je weniger hifi die Anlage, um so geringer der Unterschied zwischen UKW und MW (Mittelwelle). Auf Mittelwelle gibt es zuweilen etwas, das es auf keinem UKW-Sender gibt. Plätschernde Unterhaltungsmusik, genug als ›Hintergrundmusik‹ beim Umtrunk in Gesellschaft. Oder – zum Beispiel auf Deutschlandfunk – allstündlich die neuesten Nachrichten.

b) Wer Übersee hören will, hat doch nichts von KW (Kurzwelle). Das macht manch hochgetrimmtes Koffer-Radio mit ›gespreizten‹, gesondert einschaltbaren KW-Bereichen besser. KW im Heim ist nur eine Skala mehr, sonst nichts!

c) Wer in einem tiefen Alpental wohnt, wo es kein UKW gibt, auch die MW (Mittelwelle) schlecht einfällt, hat ein Recht auf LW (Langwelle). Das ist das Gegenteil von Genuß, allenfalls Nachrichtenübermittlung für vereinsamte Hirten.

d) Wer ganz hifi ist, kommt mit UKW allein aus! – Alles andere sind in seinem Ohr Mißtöne, bleibt Gießkannenmusik.

Wo Amplifier und Boxen schon hifi sind, muß es auch der Tuner sein. Nach DIN ist es manchen Geräten erlaubt, sich hifi zu nennen, auch wenn sie selbst nicht genügend Watt abgeben für hinreichend lauten Ton. Die vertrauen dann eben auf einen HiFi-Amplifier! (Lesen Sie später über Casetten-Decks und anderes mehr.)

Ein Beispiel hatte ich schon in die Zeilen fließen lassen: das Koffer-Radio mit Anschlußbuchse für Tonband bzw. Amplifier. Da können Sie noch so sehr hifi-verstärken, es wird kein HiFi daraus.

Zu Haus hat man seine festen Sende-Stationen, nämlich die feldstärksten. Ausreichend ›feldstark‹ ist ein UKW-Sender, den Sie auch ohne Zischen dann empfangen, wenn er stereo sendet. Verflucht lästig, immer einen Knopf drehen zu müssen, um einen Ihrer nahen Sender auszusuchen.

Darum wurden die fest eingestellten Drucktasten für Senderwahl konstruiert. – Die haben aber zwei Seiten:

a) sind sie bequem und

b) sind sie eine Umleitung im Apparat, eine Pannen- oder Störmöglichkeit mehr. –

Nun, die Bequemlichkeit scheint zu siegen: immer mehr Empfänger haben (ob nun ohne oder mit eingebautem Amplifier oder ob im Compact-Gerät befindlich) Drucktasten. Wir wollen nicht darüber rechten, Hauptsache nur bleibt, daß es eine Sondertaste gibt: Umschaltung auf Drehknopf. Versagt also ein Druckknopf, können Sie auf ›manuell‹ schalten und die Sender mit Drehknopf individuell suchen.

Wann denn ist man auf ›Mitte‹ des Senders? Man muß auf Mitte sein, sonst mischen sich Klirrfaktoren ein. – Da können Sie nach Gehör verfahren, idiotenfester sind Zeiger-Instrumente. – Das eine soll die Feldstärke anzeigen, mit der ›die Wellen‹ vom Sender in Ihr Gerät einfallen. Je nach Zeiger-Ausschlag sehen Sie gleich, ob Sie etwas erwarten können oder ob die Wellen so schwächlich ankommen, daß nie ein guter Ton daraus zu zaubern ist. – Das andere Instrument hilft Ihnen, genau ›auf Mitte

Sender‹ einzustellen. Ein Tuner – ob nun allein für sich oder kompakt mit übrigem Gerät in einem zusammengebauten Kasten – ohne solche Anzeiger zeugt von Sparsamkeit! Er verlangt von Ihnen entsprechend feinere Ohren.

Nun sind ›billige‹ Geräte aber nicht für billige Menschen, eher im Gegenteil für solche, die vom finanziellen Erfolg weniger geküßt wurden. Und die haben erst recht ein Recht auf musikalischen Genuß, auf Lebensfreude! – Was machen die ohne Anzeigegerät für die Feldstärke im Tuner? – Sie beschränken sich auf den nächstgelegenen UKW-Sender.

Wann denn werden Tuner zu schwach? – In besonders günstigen Lagen kommen Sie heute mit einer sogenannten ›Wurf-Antenne‹ aus, was nichts anderes ist als 1,50 Meter isolierter Draht mit einem Bananenstecker, hinten ins Antennenloch gestöpselt, herunterhängend. Für den ortszuständigen UKW-Sender reichen sie, sofern Sie nicht parterre in einem Häusermeer wohnen.

Der Appetit kommt beim Essen, die musikalische Unbescheidenheit beim Hören. Auch nahe dem Sender reicht Ihnen bald die primitive ›Wurf-Antenne‹ nicht mehr. Und dann haben Ihre Ohren recht. Mit einer richtigen, maßgeschneiderten Dach-Antenne hören Sie schöner und auch weiter, bekommen noch andere, entferntere Sender in den Tuner. Genaueres darüber im Kapitel über Antennen. – Nun kommt eine individuelle Dach-Antenne zuweilen teurer als der Mehrpreis für einen Tuner mit höherer Empfangsempfindlichkeit, der dann doch noch mit einem Stückchen Draht an seinem Hinterteil als ›Wurf-Antenne‹ auskommen könnte. Aber das ist verkehrt spekuliert! Aus zu wenig Antenne holt der starke Tuner zwar mehr, aber doch nicht so schön. Aus einem Drahtschwänzchen läßt sich kein Zauber machen!

Das Problem der Tuner – immer noch egal, welcher Art – liegt in den Käufern! Die einen wollen nur glockenreinen Empfang, die anderen verlangen höchste Empfangs-Leistung und meinen damit, daß der arme Tuner auch schwache Sender einfängt.

Bandbreiten-Regler.

Die Industrie hat es verstanden, uns zu helfen: bei Einstellung des Gerätes auf LW, MW, KW lassen sich manche Tuner umschalten auf breitbandigen Empfang und auf schmalbrüstigen. Die ›breitbandigen‹ sind weniger trennscharf – und das ist bei Mittelwelle mit der Übervölkerung der Wellen in unserem ›Äther‹ besonders peinlich! –, auf der Skala nahegelegene Sender stören sich gegenseitig; in Ihre eingestellte Musik zum Beispiel kotzt leise ein Nachrichtensprecher aus Triest. Die ›schmalbrüstigen‹ trennen die Stationen besser, aber engen den Ton ein! Er wird noch gießkanniger. Trotzdem hat diese Umschaltmöglichkeit Vorteile: wer Nachrichten eines bestimmten Senders abhören will, schaltet auf ›eng‹, kann seinen Sender klar herausholen. Bei Nachrichten kommt es ja nicht so auf den guten Ton an. – Wer Mittelwellenmusik nach Mitternacht hören will (weil der vielleicht einzige UKW-Sender ihm musikalisch nicht mundet), schaltet auf ›breit‹; in der Nacht gibt es nämlich kaum noch Störungen von benachbarten Sendern (frequenzmäßige Nachbarschaft, nicht geographische!), weil die meisten Sender dann schlafen.

Still-Abstimmung.

UKW ist bekannt für Trennschärfe. Sobald Sie aber kraft höherer Antenne und stärkeren Tuners auch entferntere UKW-Stationen einfangen, können die sich ins Gehege kommen. Der schwächer einfallende Konkurrent muß nicht deutlich hörbar sein, aber der eingestellte Sender hat Mißtöne (›Klirrfaktor‹). Dagegen hilft die ›Still-Abstimmung‹ (oder ›Stumm-Abstimmung‹); bei feineren Tunern auch wieder ein Extraknopf. Eigentlich ist die Still-Abstimmung dafür erdacht, beim Suchen von UKW-Sendern keine häßlichen Geräusche zu hören; beim Rutschen über die UKW-Skala bleibt alles still, bis ein stark einfallender UKW-Sender erklingt. Dieses System hat die angenehme Nebenwirkung, daß auch benachbarte schwächlicher einfallende UKW-Sender unterdrückt werden (drum ist es ja beim Absuchen so ›still‹). Und wenn sich bei Ihnen die Wellen zweier UKW

Sender just kreuzen würden – ich weiß ja nicht, wo Sie wohnen –, können zugleich ein Sender mit viel Feldstärke und einer mit wenig konkurrieren. Bei eingeschalteter Still-Abstimmung wird der schwächere weggedrückt!

Automatic frequency control.

Ähnlichen Effekt hat die afc-Schaltung (abermals ein Knopf am Tuner!). Auch sie ist für anderes gedacht: nämlich beim Abrutschen der Sender-Einstellung Ihren Empfang zurechtzurükken. Selten rutschen die Sender weg, meist driftet Ihr Tuner ab, zum Beispiel durch Erwärmung. Ohne afc müßten Sie sich aus dem Sessel wuchten und am Knopf nachstellen. Mit afc dürfen Sie sitzen bleiben, die afc erledigt das für Sie. Und im Neben-Effekt: von einem ›benachbarten‹ UKW-Sender führt Sie die Einstellung Ihres Tuners automatisch hinüber zum stärker einfallenden Sender. Und nur der macht anhörbare Musik!

Sender-Suchlauf kommt mehr bei Auto-Radios vor als bei heimischen Tunern. Wenn Sie dennoch an einen solchen geraten: stellen Sie den Sender-Suchlauf auf ›unempfindlich‹ ein, ansonsten hält der auf jeder Station und bringt einfach alles, aber anhörbar ist nur $^1/_8$ der Stationen:

a) Sender-Suchlauf ist unnötig.

b) Fixe Drucktasten für eingestellte Sender sind zwar komfortabel, aber nicht nötig.

c) Feldstärke-Anzeige muß nicht sein.

d) Bandbreiten-Regler für AM-Sender ist eine Zugabe.

e) Automatic frequency control (afc) soll sein, doch abschaltbar.

f) Der Tuner muß von Haus aus deklariert sein als HiFi-DIN. Es kursiert noch immer die Behauptung, ein Tuner habe nichts mit HiFi zu tun, für HiFi seien nur Verstärker und Boxen verantwortlich. – Ein Tuner kann schon so viel verzerren, daß es trotz des besten Verstärkers nicht anhörbar ist, eher im Gegenteil: was der Tuner verzerrt, wird vom Verstärker nur noch verzerrter!

Denn der verstärkt alles.

g) Der Tuner muß zum Verstärker passen:

Eigentlich sollen alle Geräte – Tuner, Verstärker, Boxen, Plattenspieler usw. – ›compatibel‹ sein, was heißt: jedes Gerät soll sich mit jedem Gerät vertragen, ›Anpassung‹, und zwar nach Norm. Aber Normen sind geduldig. Und Normen haben Toleranzen: simplifiziert stelle ich Ihnen das so dar:

Angenommen, jede Norm erlaube eine Abweichung von 0,5 %. Weichen zwei aneinandergeschaltete Geräte um je 0,5 % voneinander ab, dann werden daraus schon 1,0 %. Wird noch ein drittes Gerät nachgeschaltet mit nochmals 0,5 % Abweichung, kommen 1,5 % heraus. In Wirklichkeit ist es etwas weniger, aber über die Toleranz geht es doch hinaus. Die Abweichungen addieren sich.

Anpassung.

Aber sollen Sie den richtigen Tuner zu Ihrem Verstärker wählen oder den Verstärker zum Tuner?

Wenn Sie eine ganze Anlage – ohne aufs Geld zu sehen – in einem anschaffen, dann fangen Sie mit den Boxen an und kaufen dazu den Verstärker und probieren erst am Verstärker den Tuner.

Es gibt eine einfachere Lösung – auch in erschwinglicherer Preisklasse: kaufen Sie alle Glieder dieser Kette vom selben Fabrikat und vom selben Jahrgang. Denn die sind aufeinander abgestimmt!

Was sagt da einer, man könne die Geräte einander auch ›anpassen‹ lassen? Dafür muß der Radio-Fachmann Zwischenglieder basteln, Widerstände und Kondensatoren. Haben Sie mal einen gefunden, der das kann? Natürlich gibt es solche Fachleute, nur findet man sie nie.

8. Empfänger/Verstärker

(Combi-Geräte)

Sie sind wieder das klassische ›Radio‹, nur ohne Lautsprecher: Empfänger (Receiver) und Verstärker (Amplifier) sind in einem gemeinsamen Gehäuse untergebracht.

Anpassungsschwierigkeiten gibt es nicht für Sie; die hat schon das Werk beseitigt.

Und Platz wird damit gespart!

Es sind darin auch keine mechanisch verschleißenden Teile wie zum Beispiel bei Plattenspielern u. a. m.; den Skalenantrieb können wir außer acht lassen, denn der ist leicht reparabel.

So scheint alles für diese kombinierte Bauweise zu sprechen. In der Praxis gibt es aber einen Haken: nur selten sind diese Geräte so universell (›profi‹) wie reine Verstärker. Meist haben sie nur eine Buchse für Tonband und eine für Plattenspieler (und letztere auch nur für eine bestimmte, gängige Sorte!). Zuweilen noch eine für einen Kopfhörer. Selten für ein zweites Lautsprecher-Paar (›Ambiophonie‹ bzw. 4-D-Klang).

Sie reichen den meisten Menschen dennoch. Übrigens auch mir. Was wollen wir denn? Radio hören, Tonband oder Plattenspieler, von Radio auf Tondband übertragen oder von Plattenspieler auf Band.

Das ist keine Bescheidenheit, nur Einsicht. Die Empfänger/Verstärker sind für den musikalischen Konsumenten, nicht für den Fan, den Bastler, den Profi, das Kind im Manne. Sie lassen all das weg, was 98 % der Musikliebhaber auch gar nicht haben müssen. Für die restlichen 2 % nur werden die reinen Amplifier gebaut, die nichts empfangen, nichts aufnehmen, nichts wiedergeben, sondern nur verstärken. Aber dies in allen gewünschten Arten und umstöpselbar und regelbar für alle daran angeschlossenen Systeme.

99 % meiner Leser empfehle ich indessen die Kombination: Empfänger/Verstärker.

Wenn Sie nun 1 % an Möglichkeiten gegenüber dem Nur-Verstärker vermissen, dann meine ich diejenigen, die nur meinen, daß sie ›profi‹ brauchen. Die Industrie liebt solche Leute. Sie kaufen teurer ein als es nötig ist. Darüber werde ich Ihnen unter ›Tonband‹ noch einiges erzählen.

9. Verstärker
(Amplifier)

Ganz egal, ob der Verstärker mit dem Empfänger im selben Kasten ist (integriert zum Kombinationsgerät, schlicht ›Radio‹) oder ob Sie ihn als getrenntes Bauteil kaufen – Baustein Ihrer Anlage –, Sie müssen ihn nach den Boxen auswählen, was seine Leistung angeht. Mit ›Leistung‹ ist immer der ›Ausgang‹ (›Output‹) gemeint, der Dampf, den der Verstärker an die Boxen abgibt.

HiFi (High-Fidelity) kann der DIN-Norm schon genügen mit 2 x 5 Watt. Aber mit 2 x 5 Watt können keine Boxen einen mittelgroßen Raum ausfüllen, wenigstens keine ›ausgeschäumten‹, dazu gehören mindestens 20 Watt; ich erwähnte es schon. (Auch erwähnt: manchmal gehören 2 × 30 Watt dazu oder noch mehr.)

Boxen gehören nicht zum Verstärker, sondern der Verstärker zu den notwendigen Boxen! (Jetzt meine ich nicht die HiFi-Qualität der Boxen, sondern einfach nur ihre Schall-Leistung.)

Also erst im Zimmer Boxen ausprobieren und dann erst den Verstärker kaufen bzw. das Combi-Gerät, das ›Radio‹.

Leider gibt es bei musikalischer Elektronik zweierlei Watt: die ›Sinus-Leistung‹ und die ›Musik-Leistung‹!

›Sinus‹ ist das, was ein Verstärker dauernd leisten kann. ›Musik‹ ist nur das, was er für den Bruchteil einer Sekunde herauspusten kann. – In der Praxis sieht das so aus:

Ein Verstärker mit 20 Watt Sinus-Leistung kann einen 30-Watt-Paukenschlag erzeugen. Aber dann ist dem Verstärker schon die Puste ausgegangen. Was er da kurzzeitig in die Boxen für den Paukenschlag jagte, hat er aus seinen Kondensatoren geholt, und die sind sofort erschöpft. Bei längeren Forte-Partien hat er keine 30-Watt-Kräfte, sondern bricht auf etwa 20 Watt zusammen, auf seine wahre DIN-Sinus-Leistung.

Gerade moderne Musik ist gern über längere Passagen hin sehr laut. (In der Klassik gibt es allerdings auch solche, aber da nur als vereinzelte Fälle).

Wenn im Prospekt ›Musik-Leistung‹ steht, ist das Angabe. Fast ein Drittel müssen Sie im Geiste davon abziehen, um auf normgerechte Sinus-Leistung zu kommen. Wer ›Sinus‹ nicht im Prospekt angibt, neigt zum Beschummeln!

Was tun, wenn die Boxen zum Beispiel 20 Watt verlangen, der Verstärker oder das ›Radio‹ aber nur 8 Watt hergibt? Und wenn Sie nun nicht gleich ein größeres ›Radio‹ oder Compact-Gerät oder einen stärkeren Verstärker kaufen mögen? – Die Boxen aus dem Bücherregal – oder wodrin sonst sie stehen – herausholen und näher an Ihren üblichen Sessel aufpflanzen. Das ist ein wirklich annehmbarer Notbehelf.

Der umgekehrte Fall kann ebenso eintreten: Sie haben einen

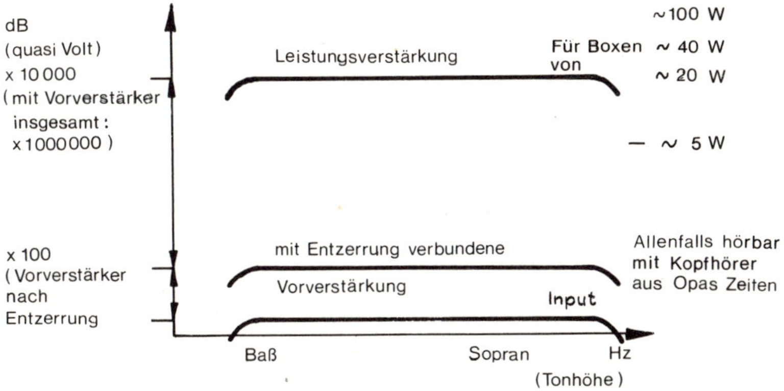

Der »Leistungsverstärker« verstärkt stur den Frequenzgang so, wie er ihm eingegeben wird. – Nur Regler (Bass, Presence, Treble Contour) können daran noch etwas »verbiegen« (Filter schneiden nur etwas weg!). – Idealisierte Darstellung. – Verstärker = »Leistungsverstärker« – »Amplifier«. *A. Spoerl*

Mordsverstärker, aber Ihre Boxen sind für ihn zu schwach. Wenn Sie den Verstärker auf ›raumfüllend‹ aufdrehen, klingen die Boxen – selbst dann, wenn sie hifi sind – in Mittellage gequetscht, in den oberen Lagen schrill, und die Bässe bumsen; es fehlt ihnen das Ausklingen! (Wir kommen darauf und auch auf ›Leistungsstrahler‹ noch im Kapitel über Lautsprecher!)

Was tun in diesem Fall? Dasselbe wie oben: Boxen an sich heranholen, weniger den Verstärker aufdrehen!

Aber all diese Abhilfen sind Kompromisse. Eine Zeitlang nimmt man sie hin, bis es in einem so bohrt, daß man ins Portemonnaie greift und sich in dem einen Fall einen kräftigeren Verstärker, in dem anderen Fall voluminösere Boxen anschafft

Es geht nicht nur um Watt, um Leistung. Leistung kann verloren gehen, wenn Verstärker und Boxen nicht ›angepaßt‹ sind. Dieses scheußliche Wort ist in diesem Buch schon einmal vorgekommen. In diesem besonderen Fall geht es um die ›Impedanz‹, den ›Scheinwiderstand‹ der Boxen, um (scheinbare) Ohm. Der musikalische Elektronik-Markt pendelt sich auf 4 bis 16 Ohm ein. Haben Ihre Boxen weniger Ohm (Widerstand), dann versacken die Impulse des Verstärkers, er gerät in die Nähe eines Kurzschlusses.

Kurzschluß hinter dem Verstärker, ich meine in den Boxen, überlastet die Endstufe des Verstärkers und kann Transistoren vernichten. Das wird eine teure Reparatur! – Sehen Sie drum im Prospekt des Verstärkers nach, ob seine Endstufe gegen solche Überlastung abgesichert ist! (Es müssen keine ›Durchbrenn-Sicherungen‹ sein, wie Sie sie im Haushalt kennen, sondern Schaltelemente, die wieder einschalten, wenn die Überlastung aufhört.)

Hier kann jeder Radio-Techniker helfen durch Zwischenschaltung von Widerständen. (Unter uns: ganz so einfach ist es nicht, aber doch einfach genug für einen gelernten Techniker!)

Nun wieder der umgekehrte Fall: Ihre Lautsprecher (Boxen) besitzen einen zu großen Widerstand. Auch dann kommt nicht der volle Ton, denn der Verstärker kommt gegen diesen Widerstand nicht an. – Allerdings passiert dann auch nichts. Zu helfen ist aber auch durch zwischengeschaltete ›Anpassung‹.

Der Tuner liefert dem Verstärker auch nur eine bestimmte Leistung. Drum spielt auch da die ›Anpassung‹ eine gewichtige Rolle. Der potenteste Verstärker kann nicht den vollen Ton bringen, wenn er zu schwache Impulse eines unterdimensionierten Empfängers erhält. Eben darum habe ich in einem vorigen Kapitel die ›Kette‹ der Bausteine von hinten aufgezäumt, nämlich her von den Boxen bis hin zum Empfänger. Darum eben habe ich geraten, den Verstärker nach den Boxen zu kaufen, und darum empfehle ich jetzt, den Empfänger nach dem Verstärker zu kaufen. – Eine nachträgliche Anpassung gibt es hier nicht! Denn was zu schwach ankommt, bleibt zu schwach, läßt sich nicht aufrichten, wenn der Verstärker in seinem Eingang (›Input‹) eine gewisse Mindeststärke erwartet. – Diese ›Stärken‹ werden in μ-Volt (My-Volt) angegeben – damit Sie sich in den Prospekten zurechtfinden.

Die übrige Arbeit des Verstärkers (›Amplifiers‹) besteht darin, den ›guten Ton‹ zu zaubern. Gut ist der Ton dann, wenn er Ihren Ohren schmeckt.

Ohren sind unterschiedlich, Geschmäcker auch. Und deshalb besitzt jeder ordentliche Verstärker Klang-Regler, von Hand zu bedienen.

Die Baß-Regelung kann Bässe übertreiben, normal bringen, ganz wegschalten. Bässe können Pfeffer in der Musik sein, aber zuviel Baß erschüttert Raum und Trommelfell und überdeckt das Melodische. – Die Verstärker sind da auch unterschiedlich; manche treiben die Bässe bei vollem Aufdrehen des Baßreglers so hoch, daß akustische Explosionen entstehen. Hier – wie in allem weiteren – überlasse ich die ›richtige‹ Regelung Ihren Ohren.

Ohren haben leider auch die Nachbarn. Bässe dringen wuchtiger durch Wände als hohe Tonlagen; darum werden Nachbarn bei Bässen so aufmüpfig. Sie können keinen Schlaf finden. Wegen der Nachbarn – so Sie welche haben sollten – müssen Sie manchmal auf genüßliche Bässe verzichten, die Baß-Regelung noch mehr zurückdrehen.

Die hohen Tonlagen (›Treble‹) kann man so regeln, daß man

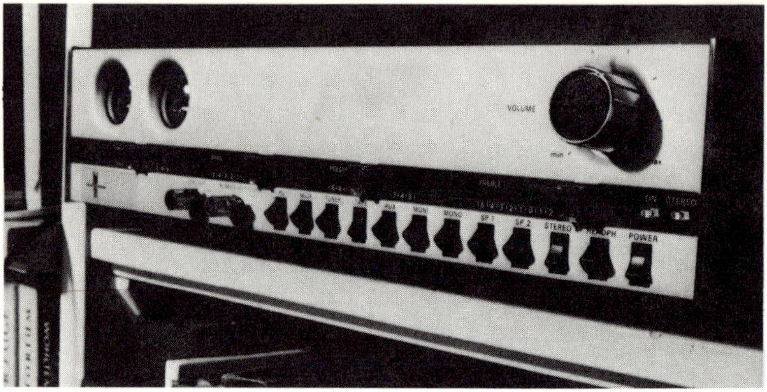

Reiner Verstärker. Volume = Lautstärke; Balance = Lautstärke-Verhältnis linke/rechte Box; Bass = Baß-Regulierung; Presence = Anhebung der Mittellage; Treble = Hochton; Contour = Anhebung Baß und Hochton bei Hintergrundmusik; Rumble = Rumpelunterdrückung (Filter); Scratch = Unterdrückung von Nadelgeräusch (Filter); PU = Plattenspieler; MICR = Mikrofon; TUNER = Empfänger; TAPE = Tonbandgerät bzw. Cassetten-Deck (aufnahme und Wiedergabe); AUX = auxiliaries, andere Wiedergabegeräte (nicht Aufnahme!); MONI = Monitoring, Hinterband-Kontrolle bei Bandaufnahmen; MONO = monaural; SP 1 = vordere 2 Boxen; SP 2 = hintere 2 Boxen (SP 1 + SP 2 = Ambiophonie); STEREO = Stereo; HEADPH = headphone, Kopfhörer; POWER = ein und aus. Buchsen für Mikrofon und ›andere Wiedergabegeräte‹ verdeckt (Deckel) in der Frontpartie. *A. Spoerl/Philips*

das Kolophonium der Geigen heraushört, die Saiten quietschen, Klavier drahtig wird. Ich schlage selbstkritisch an meine Brust: das empfand ich oft als einen musikalischen Kitzel und hatte meinen Spaß daran.

Ein im selben Zimmer befindlicher Hund denkt da anders und verkriecht sich in die weitest gelegene Zimmerecke. Und ich glaube: der Hund hat recht.

Lohnen sich die hohen Töne noch für einen älteren Herrn, der sie doch nicht mehr hören kann? – Darüber im Kapitel: Hören!

Bei ›integrierten‹ Verstärkern, denen, die mit dem Empfänger im selben Gehäuse geliefert werden, sind die weiteren Ton-Regelungen selten. Von einem Verstärker uni sono wird ja auch mehr verlangt. Und er kostet ja auch extra!

Oft will man die Mittellage verstärken, so sehr das auch gegen die Theorie des ›linearen Frequenzganges‹ verstößt. Das kommt vor zum Beispiel bei Gesangspartien mit Orchester. Manche mögen diese Anhebung der Mittellagen auch allgemein. Und dafür haben gute Verstärker die zusätzliche Regelung ›Presence‹.

Ich finde sie unentbehrlich, nicht für Gesang oder nur zum Effekt, sondern für manche Schallplatten, die von Haus aus die Bässe und die Höhen so angehoben haben, daß die Mittellage vernachlässigt ist. Mit ›Presence‹ läßt sich das ausbügeln!

Verlockend sind die ›Filter‹ auf Knopfdruck oder mit Taste. Gleicherweise sind sie von Übel! Sie wirken nämlich keine Wunder, sondern halten uns nur die Ohren zu, machen uns hörstumpf.

Da gibt es das Hochton-Filter gegen Zischen oder Knistern bzw. Rauschen (›Rausch-Filter‹). Müßten wir einerseits glücklich sein, ein Gerät mit breitem Frequenzgang zu besitzen, das auch die ganz hohen Töne noch bringt, schalten wir andererseits mit solchen Filtern diese Wiedergabekunst wieder aus! Rausch-Filter schneiden nämlich einfach die oberen Frequenzen weg! Dann hören wir zwar kein Zischen mehr oder weniger Rauschen, aber auch nicht mehr die höchsten Tonlagen. Wer's anders behauptet, schwindelt. – Übrigens können Sie ungefähr den gleichen Effekt erzielen, wenn Sie die Hochton-Regelung (Treble) zurückdrehen (-schieben). Der Klang wird scheinbar störungsfreier, aber auch dumpfer, bis hinunter zu Opas Dampfradio!

Da gibt es das Filter gegen dumpfe Geräusche (›Rumpel-Filter‹). Das Rumpeln kommt von schlechten Plattenspielern oder beim Abspielen alter Schellack-Platten. Das Rumpel-Filter zaubert auch nichts, sondern schneidet die tiefen Töne ab. Und die fehlen dann auch wieder in der Musik! Der Ton wird flach.

Störungen lassen sich nicht so einfach wegfiltern. (Doch warte bis zu den Kapiteln Plattenspieler und Tonband und Cassetten, warte bis zum Auftauchen der Worte DNL und Dolby!) Wo solche Störungen aufkommen, soll sie das Wiedergabegerät eliminieren; dies ist nicht Sache des Verstärkers, er kann es auch nicht.

Verstärker sollen zum ›guten Ton‹ auch das tun, was unserem Ohr fehlt.

Schlechte Verstärker (mit schlechten Boxen) tönen nur gut, wenn sie fast voll aufgedreht werden. Dann liegt es eben an den Verstärkern.

Aber auch gute Verstärker kommen in unseren vom Herrgott konstruierten Ohren nicht mehr gut an, wenn sie zu leise spielen sollen. Dann hören Sie gerade noch die Mittellage, aber Bässe und Höhen werden schwindsüchtig. Das ist kein technisches Problem, sondern liegt am Menschen.

Nun, es gibt Verstärker, die das ausgleichen. Aber die können nie wissen, wieviel Ausgleich just Ihr Ohr benötigt.

Darum überläßt man das lieber Ihren Händen, nämlich auch wieder einem Regler ›Kontur‹. Ihn soll es in mehreren Stufen geben. Sobald Sie den Verstärker so leise drehen, daß die Boxen nur noch Hintergrundmusik säuseln, Bässe und Höhen versakken, können Sie ›Kontur‹ nachregeln. Damit werden vorwiegend die Bässe, aber auch ein wenig die Höhen verstärkt (die Mittellage bleibt wie sonst).

Solche Kontur-Regelung fand ich bisher nur an gesonderten Verstärkern, selten an Combi-Geräten (Tuner-Amplifier bzw. ›Radio‹). Aber auch Compact-Geräte (Empfänger/Verstärker/Phono) können zuweilen ›Kontur‹ erzeugen. Dazu muß deren Baß- und Höhen-Regelung aber bis zur ›Übertreibung‹ aufgedreht werden können. Erkennbar daran, daß man bei voller Lautstärke Baß und Höhen nicht voll hochregeln muß, sondern etwas zurückdrehen, also noch Reserven zur ›Übertreibung‹, zur ›Kontur‹, bei leiser Musik hat.

Immer ist die gesonderte, stufenweise Kontur-Regelung bequemer! Und sicherer.

Einen Regelknopf oder -schieber gegen Klirren gibt es nicht. Seien Sie froh, wenn Ihr Verstärker nicht von sich aus einen Klirrfaktor in die Wiedergabe bringt!

Compact-Gerät der Über-HiFi-Klasse. Plattenspieler, UKW-Receiver, Verstärker. Stereo und Ambiophonie. Tonarm-Stop durch optische Abtastung. Schaltknöpfe des Plattenspielers als Sensoren.
A. Spoerl/Philips

Und wenn es dennoch klirrt (lies nochmal Seite 17), entsteht die bohrende Frage: liegt es am Empfänger, am Verstärker oder an den Boxen (oder an den Gläsern in der Bar, an einem reflektierenden Bild mit Verglasung im Zimmer, an den Fensterscheiben? – Darüber unter dem Kapitel Lautsprecher).

An dem gesonderten Verstärker soll sich alles anschließen lassen, was es zur Musik (oder zu eigenen Aufnahmen) gibt! Die ›integrierten‹ Verstärker haben nur wenige Ein- und Ausgänge, gerade genug für Tonband und Plattenspieler, Boxen, vielleicht noch für Mikrofon und Kopfhörer. – Von einem »hauptberuflichen« Verstärker aber wird mehr verlangt:

a) Die Cassetten-Decks kriechen unaufhaltsam auf den Markt und dringen auch in HiFi-Familien ein. Sie werden am Verstärker durch die übliche Tonbandbuchse (TB) angeschlossen. Dafür muß der Stecker für das herkömmliche Tonbandgerät herausgezogen werden; für beide ist da kein Platz. – Moderne Verstärker haben aber noch einen Eingang für ›Auxiliary‹ (›Übriges‹). Da können Sie das Cassetten-Deck anschließen (aber nur für ›Wiedergabe‹, nicht für ›Aufnahme‹!).

b) Trotz verblüffend guter Cassetten-Decks verkauft man sein Tonbandgerät nicht. Erstens hat man noch so viele bespielte Bänder mit Unwiederbringlichem (aus dem Äther Geklautem), und zweitens ist ein sehr gutes Tonbandgerät heute noch dem besten Cassetten-Deck überlegen! – Darum wünsche ich mir seit langem einen Verstärker, der 2 Buchsen hat, für Cassetten und für normale Bänder. Klaue ich im Äther – was heute durchaus erlaubt ist und darum weniger Spaß macht –, dann benutze ich aus Bequemlichkeit die Cassette, schalte aber lieber auf konventionelles Tonband, wenn es um Super-Tonqualität geht oder das Stück länger als 45 Minuten spielt. – Die Kabel vom Tonbandgerät und vom Cassetten-Recorder lassen sich nicht einfach in einen einzigen Stecker zusammenlöten – wie ich einmal dachte –, weil es dann zu Dämpfung kommen kann. Ein Teil des ›Safts‹ verliert sich dann im anderen Gerät!

c) Ganz feine Verstärker haben noch eine Buchse (und Schaltung) für ›Monitoring‹ (Beaufsichtigen‹). Das hat mit Tonband bzw. Cassette zu tun: bei der Aufnahme können Sie über ›Monitor‹ während des Aufnahme-Prozesses abhören, eventuell noch etwas zurecht-regeln (oder abbrechen, wenn die Sache überhaupt nicht stimmt!). Andernfalls – ohne Monitor – verschwenden Sie Ihre Zeit, nehmen die ganze Sache auf, können hinterher erst abhören und stellen dann erst fest, daß Sie falsch gepegelt haben oder was sonst an Wurm im Gerät steckte. – Aber leider: Monitor-Buchse nur für Tonband- oder Cassetten-Geräte, die einen besonderen Tonkopf und gesonderte Zuleitung dafür haben. (Siehe später die Kapitel über Tonband und Cassette!)

d) Schon Combi-Geräte der Mittelklasse, noch mehr die Compact-Geräte, haben eine Buchse für Kopfhörer. Bei einfachen Geräten klingen die Lautsprecher unvermindert weiter, und das ist selten der Sinn eines Kopfhörers! Bei anderen Geräten kann man die Lautsprecher dadurch zum Schweigen bringen, daß man den Stecker des Kopfhörers in ›besonderer, verdrehter Stellung‹ in die Buchse schiebt. Das ist Fummelei! – Gute Verstärker haben für Lautsprecher und Kopfhörer getrennte Schalter (Knöpfe, Kippschalter, Drucktasten). Und so soll es sein!

e) Von 4-D-Ton bzw. Ambiophonie halte ich zwar nicht schrecklich viel, und über die Quadrophonie habe ich mich genügend lustig gemacht. Aber das ist *mein* Standpunkt, und der muß nicht Ihr Geschmack sein. – Deshalb soll ein guter Verstärker 4 Buchsen für 4 Lautsprecher haben: 2 für die übliche, unausrottbare Stereophonie und noch 2 dazu für ›Ambio‹ oder – wenn der Verstärker innen entsprechend aufgebaut ist – für die Quadrophonie. Man muß ja nicht davon Gebrauch machen, aber vielleicht macht es doch einmal Spaß. – Und wenn ein Verstärker schon so weit ist, dann soll er dazu noch einen Schalter haben für ›System 1‹ und ›System 2‹: damit können Sie ohne Stöpselei nur die vorderen Lautsprecher betreiben (Stereo) oder nur die beiden hinteren (auch Stereo, aber leiser als ›Hintergrundmusik‹). Und natürlich alle 4 Boxen (Ambio, Quadro).

f) Mikrofon-Buchse ist selten bei Combi- und Compact-Geräten vorzufinden, allenfalls in höchsten Preisklassen. – Aber beim »hauptamtlichen«, für sich getrennt stehenden Verstärker sollen Mikro-Buchsen vorhanden sein! 2 Buchsen für getrennte Stereo-Mikrofone (AB-System) und noch eine Sammel-Buchse für zusammengebautes Stereo-Mikrofon (XY-System). – Sonst sind diese Mikrofon-Anschlüsse nur am Tonband- oder Cassetten-Gerät; von den Konstrukteuren nicht ganz falsch gedacht, denn Aufnahmen von Mikrofon gehen ja vorwiegend auf Tonband. Aber über den zwischengeschalteten Verstärker läßt sich noch einiges zurechtregeln (lesen Sie hierzu aber auch Kapitel Tonbandgerät, weil Studiogeräte ihr eigenes Mischpult haben, dann die Regelei am Verstärker entbehren können!).

g) Buchse für Plattenspieler hat das billigste Combi-Gerät und erst recht ein gesonderter Verstärker! Aber für welche Sorte Plattenspieler? Schön, es bilden sich da auch Normen, aber man möchte alles an seinem Verstärker anschließen können. – Hier-

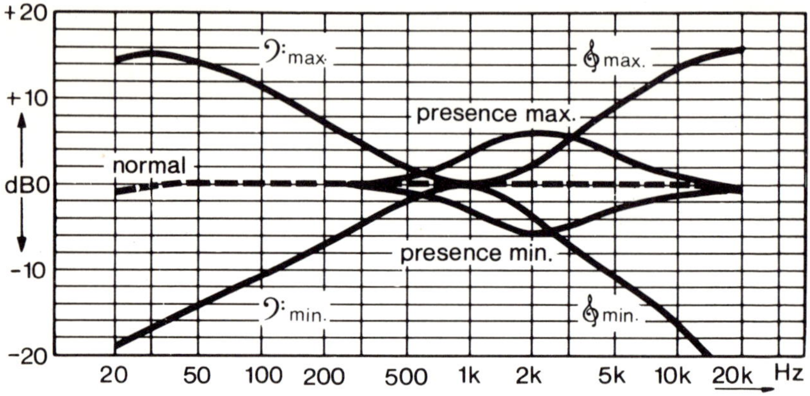

Bass-, Presence- and Treble Control (Baß-, Präsenz- und Hochton-Regulierung). Die gestrichelte Linie ist die ideale, ›normale‹ Wiedergabe von 20 Hz bis 20 000 Hz. (Anlage noch über HiFi-Norm!) Alle Regler sind auf neutral (0) gestellt. – Linker, unterer Kurven-Ast: Baß-Regelung wurde zurückgedreht (Bässe kommen zu leise, sind unterdrückt). – Linker, oberer Kurven-Ast: Baß-Regelung voll aufgedreht (Bässe kommen zu stark, bumsen gar; es hängt von den Boxen ab). – Rechter, unterer Kurven-Ast: Hochton-Regelung zurückgedreht (die hohen ›Stimmen‹ kommen zu leise, werden dünn). – Rechter, oberer Kurven-Ast: Hochton-Regelung zu weit aufgedreht (die hohen ›Stimmen‹ kommen zu laut, gar schrill, je nach Charakteristik der Boxen). – Kurven-Bäuche: a) unterer Bauch (presence min.) die Präsenz-Regelung zurückgedreht (Mittellagen kommen zu schwach); b) oberer Bauch (presence max.) die Präsenz-Regelung ist voll aufgedreht (Herausholen der Mittellagen, z. B. bei Gesang) .– Volles Aufdrehen von Baß und Hochton (Bass, Treble) bringt »Kontur« bei leise eingestellten Lautsprechern. – Siehe Text! Diese ›Verfälschungen‹ der Wiedergabe sind zuweilen nötig, um Fehler der Anlage – meist der Boxen – zu kompensieren. – Kontur-Schaltung nötig wegen eines Fehlverhaltens des menschlichen Ohres bei sehr leisen Tönen. *Philips*

zu ein zufälliges, doch konkretes und also sinnfälliges Beispiel: ich erbte etwa 700 alte Schellack-Platten und damit ein kulturhistorisches Vermögen. Meine moderne Anlage wird mit diesen Platten nicht fertig. Ich brauchte also zumindest einen verstaubten Plattenspieler mit schwer aufliegendem Tonarm. Ich trieb ihn auch auf, aber an meiner Compact-Anlage war er nicht anschließbar – nicht angepaßt. – So lernte ich einen Verstärker schätzen, der auch für andere Werte einen besonderen Eingang besaß! (Kapitel Plattenspieler!)

Eingänge kann ein Verstärker nicht genug haben. Sei es für die elektrische Gitarre oder was sonst Sie verstärken möchten.

Das Verdammte an den allermeisten Verstärkern ist, daß sie ihre Buchsen (›Eingänge‹) vorwiegend am Hinterteil haben; bei jeder Steckerei muß man den schweren Verstärker von der Wand abrücken, für Licht sorgen, und dann ist man mit dem Stöpsel immer noch nicht in der Buchse. Die Buchsen sollten auf der Frontseite sein. – Manche Verstärker haben das schon ein wenig erkannt und diejenigen Buchsen nach vorn verlegt, die häufiger umgestöpselt werden. – Auch darauf sollten Sie beim Einkauf achten! (Kopfhörer, Mikro, Auxiliary, Monitor.)

Zwei Anzeige-Instrumente für die abgegebene Leistung von rechtem Kanal und linkem Kanal mögen zwar entbehrlich sein, aber beruhigend sind sie doch. Man regelt die ›Balance‹ zwar nach dem eigenen Ohr, aber die Anzeigen helfen etwas nach. Und zeigen an, wenn auf einem Kanal etwas nicht in Ordnung ist (oder in einer der Boxen). Vor allem warnen sie, wenn Sie übersteuern sollten!

Werden Sie nicht verwirrt, wenn die Instrumente bei manchen Geräten ›dB‹ anzeigen, bei anderen ›Prozent‹. Solche Graduierungen gehören mehr in Aufnahmegeräte (Tonband, Cassette). Eigentlich sollen sie ja die ›Leistung‹ anzeigen. Und wenn Ihre Boxen mehr Leistung aufnehmen können, als Ihr Verstärker hergibt, kann den Boxen nichts passieren. Und wenn die Boxen weniger vertragen, dann hören Sie das schnell. Und wenn die linke Box lauter tönt als die rechte, hören Sie das auch. Und wenn Sie es nicht hören, tut es Ihnen auch nicht weh.

VU-Meter getrennt für rechten und linken Kanal geben die jeweils an die Boxen abgegebene Energie an. Skalen meist als db (Dezibel), oft auch als Prozent. *A. Spoerl/Philips*

Eigentlich soll man vor dem Kauf die ›Technischen Daten‹ im Prospekt nachlesen. Ich habe das immer verbummelt, mir einen Verstärker samt Boxen im Zimmer aufstellen lassen und Testplatten abgespielt, Tuner angeschlossen und Rundfunk gehört. Zwei Tage lang. Die Technischen Daten des Prospekts erst hervorgekramt, wenn es um den Anschluß eines anderen Gerätes ging (Boxen, Plattenspieler, Empfänger u. a. m.).

Ich könnte Sie jetzt mit den HiFi-Normen plagen: wie niedrig muß der Klirrfaktor sein oder der Intermodulations-Faktor, wie groß der Geräuschspannungs-Abstand oder die Übersprechdämpfung? – Wie viele Transistoren, Dioden und Thyristore sind für einen guten Verstärker vonnöten?

Uns soll es hier noch gleichgültig sein, wie der Hersteller das anfängt. Uns kommt es auf den Effekt an, auf den Klang, den guten Ton. Wir können uns darauf verlassen, daß ein Verstärker mit der Aufschrift ›HiFi‹ den Normen entspricht. Wie weit er über der Norm liegt – und ein gutes Gerät soll besser sein als

DIN 45 500 –, lesen wir nicht in den technischen Angaben, sondern das müssen wir hören.

Am Ende dieses Buches komme ich auf einige wichtige Daten zu sprechen, aber weniger zu Ihrem Nutz und Frommen, sondern wegen der Vollständigkeit. Dort werden Sie auszugsweise auch das Normblatt für High-Fidelity finden.

Hier das Bekenntnis: manches Gerät wenig über DIN-HiFi klingt besser als ein anderes mit hoch über DIN-HiFi; so etwas kommt vor! Denn über die Normen hinaus gibt es Unmeßbares. Gott sei Dank, denn nur Unwägbares läßt uns noch Menschen bleiben.

10. Lautsprecher

(Boxen)

Mit den Lautsprechern scheint das ganz einfach zu sein: man hört sie probe. So könnte es einem sehr gleichgültig sein, wie es in der Box aussieht und wie sie das – gut oder auch schlecht – anstellt, mit welchem System und welchen Patenten oder Raffinessen.

Denn während die vorigen Glieder unserer Kette nach ziemlich gleichartigen Prinzipien arbeiten – allenfalls nur noch verfeinert werden –, tummelt sich bei den Boxen noch Erfindergeist. Sie sind das diffizilste Kettenglied!

Empfänger und Verstärker werden aus zwar vielen, aber doch sehr billigen Steinchen zusammengesetzt, aus Massenware. Aber die Lautsprecher bestehen aus einigen teuren Konstruktionsteilen, deren Zusammenfügen hohe Präzision verlangt. Darum kosten sie auch so viel.

Bei den Boxen ist es an der Zeit, Ihnen den wichtigsten **Einkaufstip** – nicht nur für die Boxen, sondern eventuell auch für die gesamte ›Anlage‹ – zu geben:

Man schließt den Kauf nicht im Laden ab! Kaufen Sie erst, wenn der Händler die Anlage in Ihrem Zimmer aufgebaut und angeschlossen hat. Davor lesen Sie noch einmal schnell die Kapitel über Empfänger, Verstärker, Combi-Geräte. Und das folgende Kapitel über Hören!

Mit dem Hören hat es nur einen Haken: wer ist da hör-trainiert? Muß schon ein alter HiFi-Hase sein!

Vielleicht baut der Händler Ihnen sogar zwei Anlagen zur Probe ins Zimmer. Dann merken Sie – vielleicht – einen Unterschied.

Wessen Ohren noch nicht hifi-getrimmt sind, sollte einen teuersten Plattenspieler anschließen (leihweise), sofern der nicht schon zur Anlage gehört (zum Beispiel Compact-Gerät).

Dazu gibt es – nur käuflich, kaum leihweise! – **Testplatten** des High-Fidelity Institus (Verlag G. Braun, Karlsruhe).

Das Weitere geht ganz einfach: wenn die Anlage nicht all das erfüllt, was die Testplatten – mit aufgesprochenen Anweisungen und Erklärungen – verlangen, dann ist die Anlage nicht hifi!

Nur sagen die Platten nichts darüber, wo der Wurm steckt: ob im Steuergerät, im Verstärker oder in den Boxen. – Nun, das soll der Händler herausfinden. Haben Sie keine Angst, daß er Ihnen zu teure Boxen andreht, denn wenn der Fehler im anderen Gerät liegt, verschwindet er auch nicht mit Luxus-Lautsprechern, – im Gegenteil, er wird da meist noch hörbarer!

Achten Sie nur darauf, daß der kundige Händler nicht heimlich ein Filter einschaltet, wie zum Beispiel Rausch-Filter (ein Knopf, eine Taste oder ein Knebelschalter), und daß die Höhen (›Treble‹) und Bässe (›Bass‹) voll aufgedreht sind, der eventuelle Kontur-Schalter auf 0 steht und die eventuelle Presence-Schaltung auf ›neutral‹, d. h. Mitte.

Am geeignetsten ist das verregnete Wochenende. Regen können Sie nicht bestellen, aber den Händler zum Freitag.

Montag soll er wiederkommen. Machen Sie bei allen technischen Erklärungen fest die Ohren zu. Sie mögen zwar richtig sein, sind aber niemals Garantie oder Entschuldigung. Wenn der Händler Ihnen ›Anpassung‹ der Geräte oder gar der Boxen verspricht, lassen Sie ihn erst anpassen. Und tätigen Sie den Kauf erst, wenn Sie zufrieden sind.

Ich weiß, es gibt akustisch ungünstige Räume, die es der Anlage bzw. deren Händler schwermachen.

Die Gefahr lauert im Portemonnaie: wenn Sie so anspruchsvoll sind, kann Ihnen der Händler eine Anlage verkaufen, die über Ihre Verhältnisse geht. Es wird aber noch teurer, wenn Sie sparen, sich von Monat zu Monat immer mehr ärgern und dann doch das Teuerere einkaufen, abermals in die Tasche greifen müssen. Denn kaum ein Händler nimmt zum Beispiel Boxen zurück, die bei Ihnen schon ein paar Wochen in Betrieb waren.

Geschlossene (gar ausgeschäumte) Boxen dürfen in Bücherwände eingebaut werden.
A. Spoerl/Philips

(Obgleich daran doch nichts verschleißt, wenigstens nicht so rasch!)

Was man als ›nicht-hifi‹ hinnehmen kann und was auf die Dauer unerträglich wird, finden Sie im Kapitel High-Fidelity.

Als High-Fidelity aufkam, wurden die Lautsprecher – damals noch monaural – von Fans in riesenhafte **Schallwände** eingebaut, ja sogar in steinerne Zimmerwände, die dazu durchbrochen werden mußten. (Dann hörte man im Nebenzimmer den Ton von hinten, was nicht viel verdarb.)

Die Membran des Lautsprechers ist nämlich eine Luftpumpe, doppelt wirkend, nach vorn und auch nach hinten. Schall erzeugt sie also ebenso hinten wie vorn. Der ›hintere‹ Schall eilt um die Frontplatte herum nach vorn und mischt sich mit dem vorn abgestrahlten Schall (Interferenzen). Also war man immer bedacht, ihm den Weg nach vorn möglichst lang zu machen. – Für riesenhafte Schallwände wollen wir heute den Platz nicht hergeben.

Da wurde wieder ein Ei des Columbus geboren: den hinteren Schall einfach hinten nicht mehr herauslassen. Die Membran mit Zubehör in eine geschlossene Kiste montieren! Und die Wände der Kiste schwingungsfaul machen, damit keine Resonanz entsteht. So sehen heute die **geschlossenen Boxen** der unteren bis mittleren Preislage aus. – Die hinter der Membran zusammengedrückte Luft wirkt etwas als Rückstell-Feder für die Membran, die somit nachgiebiger und mit weniger ›mechanischer‹ Feder eingebaut werden kann, beweglicher, schwingungsfreudiger ist, ohne Nachschwingungen ausgesetzt zu sein. Denn die quasi ›Luftfederung‹ wirkt wie ein Stoßdämpfer am Automobil!

Diese ›Kisten‹ setzen die zugeführten Watt recht verlustfrei in Schall um; die Luftdrückerei im Kasten kostet zwar Energie, aber ein Teil der Energie wird ja wieder auf die Membran zurückgegeben.

Inzwischen sind die Boxen-Techniker noch radikaler geworden: auf der Hinterseite der Membran (bzw. Frontplatte) wollen sie jedweden Schall vernichten, denn auch die schwingungsfaulste ›Kiste‹ hat noch einen Rest Resonanz. Und sie schäumten die Boxen innen aus!

Die Vorteile des **Ausschäumens** zeigten sich besonders deutlich bei Vereinigung mehrerer Lautsprecher in einer Frontplatte, d. h. in ein und demselben Kasten. Bei hohlen Kästen gab es innen Interferenzen (rauher Ton in manchen Lagen, Klirren).

Die Nachteile des Ausschäumens lassen sich heute überwinden – sofern Ihr Geld dafür reicht: kräftige Verstärker! Denn die luftpumpende Membran pumpt nach hinten nicht mehr ins Freie – wie in alten Zeiten – oder gegen eine Luftfederung (wie bei den schlicht ›geschlossenen‹ Boxen), sondern in akustische Watte hinein. Was die Membran nach hinten abstrahlt, wird also restlos vernichtet! – Von den eingespeisten Watt (Leistung) geht also zumindest die Hälfte verloren.

Ganz grob gerechnet: eine innen ausgeschäumte Box ist bei gleicher Verstärker-Leistung nur halb so laut wie eine ›offene‹ oder auch hohle ›geschlossene‹ Box.

Nun verstehen Sie schon, warum ich in den vorigen Kapiteln Ihnen riet, erst einmal festzustellen, welche Boxen Sie für Ihr Zimmer (Halle, Saal etc.) brauchen! Die zuvor angegebenen Richtwerte (20 Watt für kleine bis mittelgroße Zimmer, 30 Watt für größere Zimmer oder zerklüftete Räume oder schlecht schallreflektierende Wände) galten für ausgeschäumte Boxen.

Für ›hohle geschlossene‹ Boxen genügen die halben Wattzahlen.

HiFi braucht keine ausgeschäumten Boxen. Aber mit den Ausgeschäumten ist HiFi garantierter!

So und jetzt wissen Sie, wie Ihr Verstärker aussehen muß. Nämlich genauso wie im Kapitel Verstärker.

Muß eine Box mehr als eine Membran (Lautsprecher) haben?

Beim heutigen Stand der Tontechnik kann eine einzelne Membran nicht die ganze Ton-Skala (Frequenzbreite) von 20 oder 40 Hz bis hinauf zu 12 500 oder gar 20 000 Hz produzieren.

Für die ganz tiefen Töne muß sie langsam, aber sehr weit ausschwingen (›Hub‹), muß also groß, fast etwas lasch, sehr nachgiebig (›weich gefedert‹) sein. Für die ganz hohen Töne braucht sie nicht weit auszuschwingen, aber muß es bis zu 20 000mal in der Sekunde tun, muß leicht, also klein, trägheitslos und ›stramm‹ sein.

Technische Kompromisse sind auch tonliche Kompromisse und verschaffen kein musikalisches Lustgefühl.

Wenn man schon hier abwägt: eine hohle ›geschlossene‹ Box mit 2 Lautsprechern ist generell besser als die ausgeschäumteste mit nur 1 Lautsprecher!

Teure HiFi-Boxen haben 3 und mehr Lautsprecher (›Systeme‹); einen für Mittellage, einen für die Bässe, einen für den Diskant (die ganz hohen Töne).

Warum wir so weit von tief bis hoch hören müssen, will ich Ihnen erst im Kapitel Hören erklären.

Aber 3 ›Systeme‹ je Box sind auch noch keine Garantie. Es gibt wohlfeile Boxen, die alle 3 Systeme (pro Kanal) hintereinander einfach an das Kabel anschließen und es den Systemen nach Gottes unerforschlichem Willen überlassen, was jedes System aus den elektrischen Impulsen macht: im allgemeinen Klangsalat. Er mag manchen interessant klingen, aber Labsal für das musikalische Gehör ist er nicht!

Die meisten Boxen mit mehreren Systemen haben Weichen eingebaut, die die Frequenzen aufteilen, die hohen dem Hochton-Lautsprecher, die tiefen dem Tieftöner zuleiten. Und – bei 3 Systemen – die mittleren – ein wenig der hohen und ein wenig der tiefen – dem Mittellagen-System.

Ich erwähnte früher schon einmal, daß Ton-Techniker nicht zu bremsen sind. Seit kurzem entsinnen sie sich älterer HiFi-Versuche, da vom Verstärker weg getrennte Kabel zu den einzelnen Lautsprechern führten, zum Beispiel zum Tieftöner und zum Hochtöner. Dazu allerdings braucht man wieder einen besonderen, auf diese Boxen zugeschnittenen Verstärker mit 2 getrennten Endstufen.

Bei 2 Systemen pro Box mag das noch angehen, aber bei mehr Systemen wären noch mehr Endstufen nötig, und dann wird es einfach zu teuer.

Entsinnen sich nun die HiFi-Konstrukteure der alten **Abhörschränke** (›Leistungsstrahler‹) in Rundfunkanstalten: die trugen im eigenen Inneren jede ihre maßgeschneiderten Verstärker, mit beliebig vielen Endstufen für beliebig viele Systeme.

Und das ist nun der neue Schrei geworden!

Natürlich in gemäßigter Form. Unsere bisherigen Verstärker können weiter benutzt werden, dürfen aber schwächer sein (sie müssen nicht, denn Sie müssen den Verstärker ja nicht voll aufdrehen). Die Nachverstärkung übernehmen dann die Boxen.

Solche Boxen sind schon auf dem Markt. Das Prinzip hat meines Wissens noch keine Normen gefunden, es ist noch alles im Fluß. – Mit diesen neuen Boxen braucht der Verstärker nur noch eine schwache Ausgangsleistung (3 Watt würden genügen), der Verstärker ist nur noch Steuer-Instrument. Mehr noch: diese Boxen lassen sich – linker Kanal wie rechter Kanal – bündeln (z. B. links drei Boxen zusammengerückt, und rechts ebenso). Man kauft dann die Boxen nicht mehr nach Watt, sondern nach Stückzahl.

Und als nun in den Boxen die ihnen eigenen Verstärker steckten (ihren ›Saft‹ beziehen sie aus der Steckdose), gingen sie konsequent noch einen Schritt weiter: die eingebauten Verstärker tasten die Membran ab, prüfen, ob die auch genauso schwingt, wie ihr an Impulsen zugeschickt, keinen eigenen Unfug anstellt, überwachen sie also und regeln im Notfall so schnell zurecht, daß eventuelle Fehler gar nicht erst in Ihr Ohr gelangen (»Motional feedback«).

Und darum zurück auf die Erde:

Beredte Händler bügeln Sie – den Naiven – mit Fachwörtern nieder. **Elektro-dynamisch** seien die Boxen! – Was soll's? Denn elektro-magnetische gibt es längst nicht mehr.

Die Box habe im Hochtöner einen **Kalotten-Lautsprecher.** – Was soll's?

Die Kalotte ist *ein* Weg aus dem Hochton-Dilemma, aber auch ein älterer Hut. Denn es geht auch ohne Kalotte. (Kalotten-Hochtöner bringen Zischen und Rauschen deutlicher, weil sie – wirklich! – sehr hochtonig sind.)

Die Lautsprecher-Membranen hätten Nawi-Form. – Prima! Für Sie aber völlig uninteressant, sogenannte Partialschwingungen der Membran können auch auf andere Weise unterdrückt werden. Und die Art der Unterdrückung geht nach Gusto des jeweiligen Herstellers.

In umfassender Literatur lesen sie noch von Bändchen-Lautsprecher für Hochtöner. Oder von Orthophase. Das sind konstruktive Wege, aber sie haben nichts mit dem eigentlichen Effekt zu tun. Ich weiß nicht einmal, von welchem Fabrikat sie zu kaufen sind!

Nur für den 1. Mai unter freiem Himmel oder künstliche Kirchenglocken von Tonband gibt es **Druckkammer-Lautsprecher,** nur für Sonderzwecke den Exponentialtrichter, die Baßreflexbox mit gedeckter Öffnung und so weiter. Vergessen Sie das wieder; diese Systeme habe ich nur aus Fachliteratur gepickt und die Wörter hier abgeschrieben.

Gute Boxen sind nicht nur teuer – sie kommen uns noch teurer vor, weil daran nichts zu drehen ist, sich nichts bewegt und nichts leuchtet, weil sie so einfach aussehen (Kisten in Holzimitation oder in Schleiflack) –, gute Boxen sind auch empfindlich. Und das ist viel zuwenig bekannt.

Ihre magnetischen Systeme verlangen – ich wiederhole das hier ganz bewußt! – präzisesten Zusammenbau. Das geht so fein zu, daß man sie erst nach dem Zusammenbau aufmagnetisiert. Ein kräftiger Stoß kann den sensiblen Zusammenbau schon aus der Fassung bringen.

Knall-empfindlich. Allein ein mächtiger Knall kann sie vernichten.

Dazu gehört ein nahe einschlagender Blitz, ein Pistolenschuß im Zimmer oder die Knallschleppe eines Überschall-Flugzeugs. Die Schallwelle bumst hart auf die Membran, die Membran verreißt das magnetische System, und das findet nicht immer in die ursprüngliche Lage zurück.

Schlimmer noch: bei aufprallender Schallwelle wirkt der Lautsprecher wie ein Riesen-Mikrofon; er erzeugt einen Stromstoß. Ist die Anlage gerade in Betrieb, so fährt der Stoß ›rückwärts‹ in den Verstärker und killt Transistoren. (Auch mit eingebauten Überlastungssicherungen!)

Nach einem solchen Knall-Test mit 6 Boxen waren bei mir 2 defekt. Eine davon erholte sich nach etwa zweistündigem Betrieb, aber die war keine ganz teure.

Boxen leiden wie menschliche Stimmbänder, wenn man sie **dauernd strapaziert.** So werden sie auch in über 100 Stunden bei einem gewissen Membran-Hub und festgelegter Frequenz getestet. Für Sie heißt das: Sie machen Ihre Boxen buchstäblich heiser, wenn Sie zum Beispiel für Ihre Garten-Party die Boxen im Zimmer durch die Fenster schreien lassen, über Stunden.

Soviel kleiner moderne Boxen bei gleicher Klangfülle und vollem Frequenzgang und sonstigem HiFi auch inzwischen geworden sind – selten tun sie der Architektur des Zimmers gut.

Nicht alle haben eine so breite Bücherwand, daß sich die Boxen weit genug voneinander plazieren lassen. Nicht allen steht die Bücherwand in der richtigen Entfernung. Und da lauert wieder der akustische Wurm: Frauchen stellt die Lautsprecher dahin, wo sie am schönsten stehen oder am unsichtbarsten. Das ist aber selten das tonliche Maximum! Herrchen stellt die Boxen also anders, und dann mault Frauchen: »Tu die Dinger da weg!«

An ›raumtonfüllende‹ Boxen glaube ich so lange nicht, wie sie mich bei eigenem Anhören nicht überzeugen. Es gibt keinen Trick gegen die Physik, allenfalls Verkaufsargumente.

Da stellt sich also die Frage: müssen Boxen so **plaziert** werden, daß sie meinen Lieblingssessel oder unser knutschiges Sofa richtig beschallen? Sind sie nur für Hintergrundmusik oder zum andächtigen Hören? Ja, das ist die Frage!

Für Hintergrundmusik sollen sie stehen, wo Frauchen will, sie uns nicht die wohnliche Architektur verderben. – Für andächtiges Hören können sie da auch noch bleiben: dann nämlich schiebe ich den Sessel an die Stelle auf dem Teppich, wo ich die Boxen richtig (hifi und stereo) höre.

Wie weit die Boxen auseinander stehen sollen, haben wir schon erörtert. Aber manchmal müssen sie doch weiter voneinander plaziert werden, das andere Mal einander zu nahe. – Wenn das wirklich so ist, Sie sich nicht zu helfen wissen, gibt es am Verstärker noch den Basisschalter (ich wollte ihn eigentlich unterschlagen; er ist ja auch selten). Dieser Schalter kann das Stereo ›härter‹, pingpong-artiger machen und auch weniger. Bei zu nah beieinander stehenden Boxen macht er mehr pingpong, damit Sie dennoch Stereo empfinden. Aber – es klingt unnatürlich.

Wie bitte? Bei bestimmten Tonhöhen würde es klingeln? Oder: die rechte Box habe eine andere Klangfarbe? Oder manchmal gäbe es ein Brummeln, egal, welche Boxen Sie probierten?

Es liegt daran: Ihr Zimmer klingt mit! Gläser klingen mit. Fensterscheiben reflektieren, auch verglaste Bilder. Die Tür eines großen Schrankes kommt ins Schwingen.

Kaufen Sie erst – vor allem die Boxen! –, wenn Sie in Ihrem ureigenen Zimmer nichts mehr am guten Ton auszusetzen haben!

In der Stadt mit potenten Händlern geht das. Welcher Händler sich zu einem solchen Probe-Aufstellen nicht bequemt, wird auch nicht bequemen Service bieten, wenn einmal eine Reparatur nötig ist. – Aber den kleinen Händlern – vor allem auf dem Lande oder in kleineren Städten – tue ich mit solchem Rat ungewollt weh. Das Kapital kleinerer Radiohändler reicht nicht für ein großes Lager teurer Geräte. Er hat zum Beispiel nicht paarweise Boxen von vier verschiedenen Firmen in mehreren Preislagen dazu parat. Er kann Ihretwegen auch nicht so viele Boxen kaufen, von denen Sie am Ende doch nur zwei abnehmen. Die anderen Boxen-Paare stehen nun unverkauft bei ihm, und er weiß nicht, an wen er sie einmal losbringt.

Vielleicht ist er genial, kapiert Ihre Wünsche, weiß um Ihr Geld bzw. Kein-Geld, besichtigt Ihre Wohnung und weiß danach ziemlich genau, was für Sie das Richtige ist. Dann, ja dann kann er riskieren, die Boxen für Sie einzukaufen – vorausgesetzt, daß Sie kein Querulant sind.

Wie bitte? Es klingt noch immer nicht? Der Ton irritiert Sie? – Das kommt leicht vor, wenn vom Steuergerät bis zu den Boxen ein Verlängerungskabel eingebaut wurde. Und dann falsch gepolt! – Während die Membran der einen Box nach hinten schwingt, schlägt die andere – beim gleichen Ton – nach vorn. Die Boxen pumpen sich die Schall-Luft gegenseitig zu, da kann also nichts abstrahlen. – Auch das können Sie mit einer Testplatte prüfen!

Wie bezahlt man eine ›Anlage‹, die man nicht gleich **bezahlen** kann?

a) Sie können mit dem Händler Teilzahlung vereinbaren. Schlägt er Ihnen keine Zinsen drauf, muß er sie tragen. Er kann sich das unsichtbar leisten, indem er den Verkaufspreis hoch ansetzt. Und das darf er, weil es keine gebundenen Preise mehr gibt.

b) Sie gehen eine Finanzierung durch ein entsprechendes Institut ein. Das wird sehr teuer, denn meist zahlen Sie die Zinsen für den vollen Betrag auch dann noch weiter, wenn Sie nur mehr wenig schulden. – Vielleicht kennen Sie das vom Auto her.

c) Sie nehmen einen Kredit bei der Bank auf. Das ist billiger.

d) In anderer Sache empfahl ich, erst zu kaufen, wenn man die volle Summe angespart hat. Seitdem der Sparzins aber geringer ist als der Geldwert-Verlust, will ich nicht mehr so raten.

Und damit kommen wir zurück auf das Kapitel High-Fidelity, in welchem die mählich aufbauende Anschaffung geraten wurde, die Anlage aus einzelnen Bausteinen. Nach dem Prinzip: immer mal einen Baustein besser!

Und immer mit Blick auf die Boxen!

Das haben uns längst die Jungen gelehrt: lieber ein schäbiges Auto als schlechten Ton in der Bude.

11. Hören

(Frequenzen)

Schall ist alles, was wir hören können. Hauptsächlich hören wir mit den Ohren. Und auf die sei alles Weitere nun auch bezogen. – Den Schall erklärte ich bereits im Kapitel über Boxen (Lautsprecher); es ist eine Druckwelle, die sich durch ein Medium fortpflanzt. Das ›Medium‹ kann Eisen sein, Holz, Wasser und was auch immer. Im folgenden meine ich die Luft. Denn die Luft reicht unmittelbar bis an unser Trommelfell heran.

Schall kann eine einzige Welle sein, sozusagen ein einzelner Boxer gegen die Luft. Sein Impuls gerät in unser Gehör und wird als einmaliger Knall empfunden. (Wobei wir wegen der Einfachheit übersehen, daß auch ein noch so kurzer, scharfer Knall anschwillt und abklingt.)

Es können auch viele Impulse in dichter Folge hintereinander sein. Wenn sie unregelmäßig in ihrer Folge sind, gar unterschiedlich in der Stärke, dann handelt es sich nur um ein **Geräusch.**

Vom Ton reden wir erst, wenn die Impulse – die Luft-Buffe! – in regelmäßigen, d. h. gleichen Abständen folgen. Sind ihre Abstände so groß, daß nicht mehr als 20 bis 30 pro Sekunde unser Ohr erreichen, dann hören wir sie nicht, weil diese Töne zu tief sind. Die Anzahl der Impulse pro Zeiteinheit, allgemein Sekunde, macht die **Tonhöhe** aus.

Der Fachmann spricht dann aber nicht mehr von ›Impulsen‹ – schon um des lieben Himmels willen nicht von ›Luft-Buffen‹ – sondern von Wellen. Mit akustischen Wellen meint er die Impulse durch ein Medium (zum Beispiel Luft), mit elektro-magnetischen Wellen meint er die Impulse, die unsere Antenne erreichen.

Dividiert der Fachmann die Anzahl der ankommenden Impulse durch Sekunden, dann heißt das ›Frequenz‹ (Hertz = Hz). Frequenz nämlich stimmt immer, ob nun in der Luft oder von

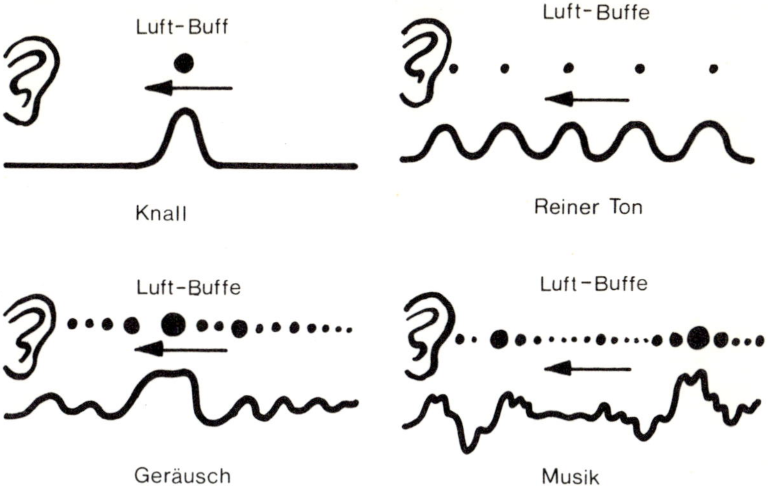

Wellenaufzeichnung. *A. Spoerl*

Antenne zu Antenne, also elektromagnetisch, oder als elektronische Impulse in unseren Geräten.

Mit den tiefen Tönen haben unsere Geräte weniger Schwierigkeiten. Trotzdem reichen schlechte Wiedergabegeräte nur hinunter bis 100 oder 200 Hz.

Kopfzerbrechen bereiteten den Technikern die ganz hohen Töne, die Frequenzen über 10 000 Hz bis gar 20 000 Hz.

Dieses Hertz-Spektrum ist für Sie wichtig; als Zahlen erscheint es in allen Prospekten, Tests und in sinnierenden Gesprächen über ›Anlagen‹. Ich wollte darüber nicht sprechen, aber ich komme nicht darum herum!

20 000 Hz ist das höchste, was der Mensch noch hören kann. Aber dazu muß er noch sehr jung sein. Schon mit 16 bis 18 Jahren werden die **Ohren** stumpfer, hören vielleicht nur noch hinauf bis 17 000, gar nur 15 000 Hz. Der Mensch mit 50 Jahren hört durchschnittlich nur noch bis 11 000 Hz.

Damit entsteht die erste Frage: soll sich ein 60jähriger noch um den Frequenzumfang seiner Anlage kümmern? Was schert es ihn, wenn aus seinen Boxen noch 17 000 Hz strahlen, der alte Herr aber nur noch bis 10 000 Hz hört? – Es schert ihn doch! Denn man ›hört‹ auch noch das, was man eigentlich – zum Beispiel im Hör-Test – nicht mehr hört. Die oberen Frequenzen mischen sich (›interferieren‹) mit den tieferen hörbaren Tönen und geben ihnen – mir immer noch rätselhaft! – den bestimmten Charakter (ein Teil des ›Klangs‹). So ein alter Onkel ist tatsächlich noch imstande, die Frequenzbreite einer HiFi-Anlage zu ›hören‹. – Zum Trost mancher anderen: auch ich nähere mich dem Begriff des »ollen Onkels«, und ich habe einige Jahre geglaubt, daß für meine grau werdenden Ohren die alte Anlage es noch ausreichend tue. Bis – ja bis ich mir dann neuere Anlagen anhörte. (Hat natürlich wieder Geld gekostet.)

Ganz intellektuelle Ton-Ingenieure möchten am liebsten, daß unsere Anlage noch 30 000- bis 40 000-Hertz-Töne bringe, eben wegen der Interferenz. Aber hier hat die praktische Technik Grenzen gesetzt, zum Beispiel durch das Radio: dem UKW-Empfang wird ein Pilot-Ton (bei Stereo) beigemischt, der um 35 000 Hz liegt und den Sie bestimmt nicht hören wollen. (Ähnliches bei Verkehrsdurchsagen, siehe Auto-Radio.)

Danach kommt Ihnen vielleicht die zweite Frage: welches Orchester oder welche Band macht denn Töne tief hinab bis etwa 30 Hz und hoch hinauf bis 20 000 Hz? Denn wenn keiner solche Töne macht, braucht auch keiner sie wiederzugeben.

Für diesen Frequenzumfang genügt schon eine gute Orgel!

Moderne Musik – gerade auch Beat und Pop und was sonst sich anbahnt, um uns zu stimulieren – schlägt nicht nur die tiefsten Trommeln (Pauken), sondern auch auf metallenes Schlagzeug und andere Gegenstände. Und das ist dann der Pep!

Wie sollen Sie – zum Beispiel nach dem probeweisen Aufstellen einer zu kaufenden Anlage in Ihrem Zimmer – nun heraushören, welche Frequenzen ›gebracht‹ werden? Das geht kaum mit einer Musikplatte. Aber es geht wieder mit einer Testplatte vom Deutschen High-Fidelity Institut.

Die kann Ihnen Überraschungen bringen:

a) In tiefsten **Tiefen:** aus den Boxen kommt kein kellertiefer Ton mehr, sondern das Brummeln verwandelt sich in ein blubb-blubb-blubb. – Im späteren praktischen Betrieb ist dies schlimmer, als wenn unter etwa 80 Hz die Boxen stumm blieben. Geräte, die nämlich einmal an eine Wiedergabe mit solch tiefen Tönen geraten (50, 40, 30 Hz), lassen Ihre Boxen blubbern, und das stört den Genuß.

b) Ab vielleicht 12 000 Hz aufwärts hören Sie nichts mehr, was vielleicht an Ihren Ohren liegt (bzw. Alter), vielleicht aber an der Anlage (Plattenspieler?, Cassetten-Deck?, Verstärker?, Boxen?). – Wenn Sie einen unglaublich geduldigen Radiohändler haben, kann er das von Ihnen Ungehörte sichtbar machen: mit einem **Oszillographen** und einem Mikrofon der Spitzenklasse. Zeichnet der Oszillograph bei Abspielen der Testplatte (20 000 Hz) noch eine Kurve, dann lag es nur an Ihren Ohren. Zeichnet er keine, soll er am Verstärker angeschlossen werden (›Ausgang‹ für Lautsprecherkabel). Zeichnet er nun eine Kurve, liegt es an den Boxen. Zeichnet er keine, muß es am Wiedergabegerät liegen, in diesem Fall am Plattenspieler. – So läßt sich das durch die Baukasten-Steine rückwärts aufspüren.

Ich ahne voraus, daß mir nun die Herren vom Fach mit nacktem Po ins Gesicht springen. Sie springen nicht ganz zu Unrecht, denn man sollte dazu ein Röhrenvoltmeter zuziehen. So aber geht es auch und ist sinnfälliger. Ja, ich weiß auch, daß man am Oszillographen ›drehen‹ kann, die Kurve, ihre Amplitude höher ziehen kann. Aber: wo gar keine Amplitude mehr ist, läßt sich auch keine mehr aufdrehen!

Nichts sagt der Oszillograph darüber, ob der Frequenzgang ›linear‹ ist, ob die obersten Töne auch noch laut genug kommen. – Hier können Sie sich nur auf die **Frequenzkurve** im Prospekt verlassen, darauf, daß die Firma ehrliche Prospekte druckt. Nach meiner Erfahrung wagen die renommierten Firmen es nie, eine falsche Frequenzkurve aufzuzeichnen, es wäre nämlich Betrug.

Damit hat es folgendes auf sich:

Alle Tonhöhen sollen gleich laut erklingen! So zeichnet man ihre Impulsgröße (quasi ›Lautstärke‹) über das Frequenzband auf. – Bei den ganz tiefen Tönen sinkt die sonst ideal-gerade

Kurve ab und ebenso bei den Höhen. Nun, auf 2 bis 4 dB darf sie abfallen. Sobald sie noch mehr abfällt, gilt sie nicht mehr als tontreu; man muß sie da abschneiden. Die Frequenzkurve steht also nur zwischen den zwei abgeschnittenen Enden. Und nun können Sie unten auf der Leiste ablesen, von wieviel Hertz tief bis zu wieviel Hertz hoch die Töne von Ihrem Gerät wiedergegeben werden.

Solche Kurven werden fast ausnahmslos nur Verstärkern mitgegeben bzw. Geräten, die in sich integriert einen eigenen Verstärker haben. – Bei Boxen ist es seltener, verständlich, denn keine Box weiß, welchem Verstärker sie angeschlossen wird.

Diese Kurve – und das steht nicht immer dabei! – gilt für den ›normalen‹ Betrieb, d. h. Aufdrehen des Verstärkers bis zur obersten Leistung bei angeschlossenen Boxen, die die oberste Leistung des Verstärkers noch verdauen können. So etwa stellen sich die Techniker ›Zimmerlautstärke‹ vor. – Dreht man stark herunter (›Hintergrundmusik‹) zum piano, dann hören unsere Ohren nicht mehr so ›linear‹, Bässe und Höhen versinken, fallen ab. Darum am Verstärker die ›Kontur-Schaltung‹ (warum ist sie nicht automatisch wirkend, sondern verlangt noch einen Knopf?), darum – wenn eine solche Schaltung ganz fehlt – die Lästigkeit, Baß- und Höhenknopf ganz aufzudrehen.

Auch von der ›Presence-Regelung‹ war im Verstärker-Kapitel die Rede. Damit verbiegen Sie die ideale Frequenzkurve, aber wohl aus gutem Grund. Ausprobieren, denn das unterliegt dem Geschmack!

Ist eine (ehrlich gezeichnete) ganz lineare Frequenzkurve wirklich eine Garantie für richtige Wiedergabe? – Allein der Piano-Effekt (Wiedergabe auf ›leise‹ gestellt) verursacht in mir Zweifel. Die Frequenzkurve geht davon aus, daß wir alle Töne gleicher physikalischer Lautstärke auch gleich laut hören. Gleiche Schall-Leistung soll gleich laut auf uns wirken. Wir kennen aber nicht den ›Frequenzgang‹ unserer Ohren, und da gibt es mit aller Wahrscheinlichkeit individuelle Unterschiede! Hören wir vielleicht die Mittellagen schlechter, da es doch die Presence-Schaltung gibt, die die Mittellagen anhebt?

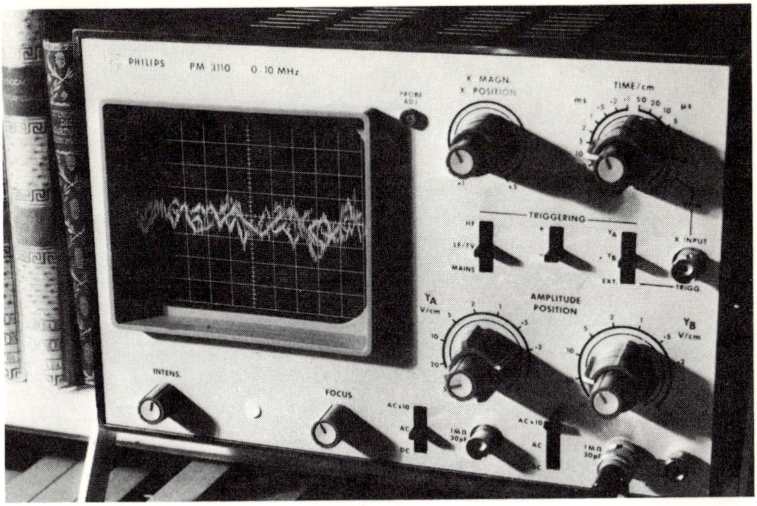

Gestörter Ton durch Klirren und Zischen; die eigentliche Tonkurve ist auch auf dem Oszillographen kaum noch erkennbar.

A. Spoerl

Soweit Theorie und Sinniererei.

Prüfen Sie mit Testplatten den Frequenzgang, eventuell auch mit Oszillograph. Studieren Sie die Frequenzkurve des Verstärkers (oder Compact-Gerätes). Aber Frequenzgang, Linearität, diese leicht meßbaren Größen, machen zwar den Ton (alle Töne), aber noch nicht den **Klang.**

Alle Instrumente – und besonders die menschliche Stimme – bestehen nicht aus einem einzigen Ton, allenfalls aus einem Haupt-Ton. Der Kammerton (seit 1939: 880 Hz) klingt auf dem Klavier anders als auf der Geige oder durch einen Tenor. Sein spezifischer Klang ist ein Gemisch aus Ober- und Untertönen, Mitschwingern. Das Gemisch weist ihn aus.

Und dann kann er immer noch schön oder unschön klingen. Denn es mischen sich entweder noch ›spezifische‹ Geräusche hinein (und das sollen sie), oder es fallen Nebenschwingungen weg (der Ton klingt stumpf, unspezifisch, so weit manchmal, daß es

Prüfton 10 000 Hz.

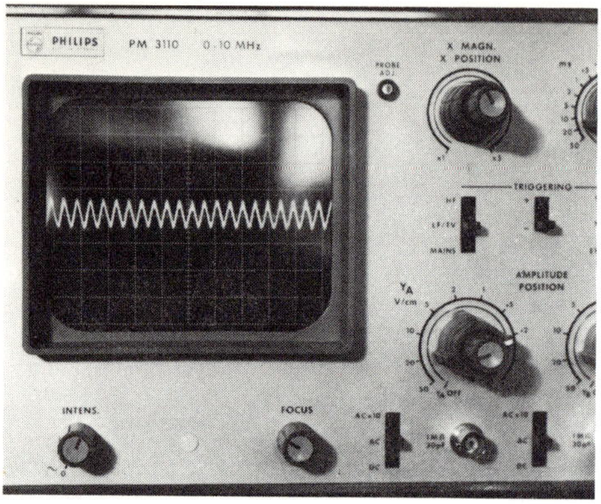

Direkt von Testplatte.

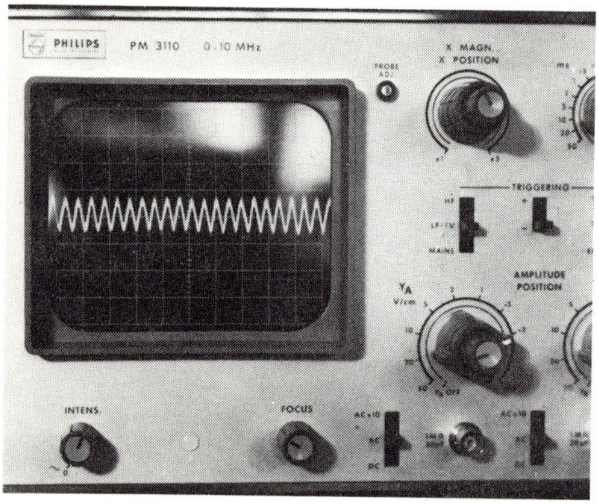

Überspielt auf Tonbandgerät der Studio-Klasse.

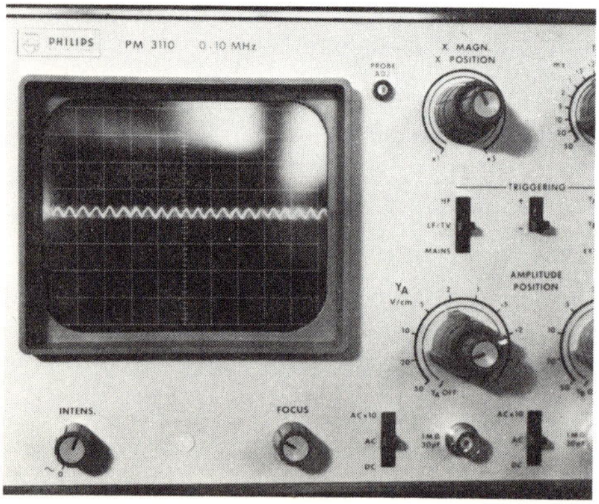

Überspielt auf Tonbandgerät der Mittelklasse.

A. Spoerl

schwerfällt, ein Blasinstrument von einem Streichinstrument zu unterscheiden). Oder es mischen sich Geräusche hinzu, die den Ton entstellen. Oder der Ton ist ›perforiert‹, hat fast unhörbare Lücken, klingt rauh.

Wenn dies nicht am Sender, am Steuergerät oder an den Ton-Konserven liegt, kann es nur noch Schuld der Boxen sein.

Und just hier unterscheiden sich die Boxen untereinander!

Und weil das schlechterdings nicht ausmeßbar ist, gehört zu jedem Probe-Hören einer Anlage das Abhören einer technisch vollendeten und unverstaubten Testplatte mit – Musik! Mit Musik aller Gattungen: Orgel allein, vom Piano bis zum Forte, von Klavier, Cembalo, großen Orchestern und auch von modernen Musicals bis Beat.

Es gibt Anlagen (oder Compact-Geräte), die hifi-mäßig keineswegs in Ordnung sind, aber dennoch in Ihren Ohren schöner klingen als andere, die den festgelegten Mindest-Normen entsprechen, gar darüber hinausgehen. – Ich habe bei Anlagen, insbesondere bei Boxen, in Diskussionen zuweilen das Wort **Brillanz** gebraucht. Brillanz ist nicht meßbar. Ich behaupte auch nicht, daß man sie einfach ›hören‹ kann, man kann sie nur empfinden. Bei Brillanz jubeln die Instrumente. Und bei brillanter Wiedergabe, selbst mit kleinen Webfehlern der HiFi, wird man froh.

Sogar von der **Transparenz** wage ich zu schreiben, wiewohl es die in der Fachsprache auch nicht gibt. Erkennen können Sie die Transparenz nur beim Abhören eines philharmonischen Orchesters (UKW oder Platte). Ich meine: das ›Durchhören‹!; ich meine das Heraushören der einzelnen Instrumente. Sie verpappen ineinander, bleiben untransparent, zum Beispiel wenn durch Ihre Anlage zu langer Nachhall tönt (meist Fehler der Boxen). Und natürlich: wenn die Anlage nicht naturgetreu wiedergibt – oder in Ihrem eigenem Zimmer Nachhall auftritt. Darum im Lautsprecher-Kapitel der Rat, Boxen erst in der eigenen Wohnung zu prüfen, darum dieses ganze Kapitel, denn es gibt ›harte‹ Boxen mit fast zuwenig Nachhall (Ausschwingen) und ›weiche‹ Boxen, die schmusen.

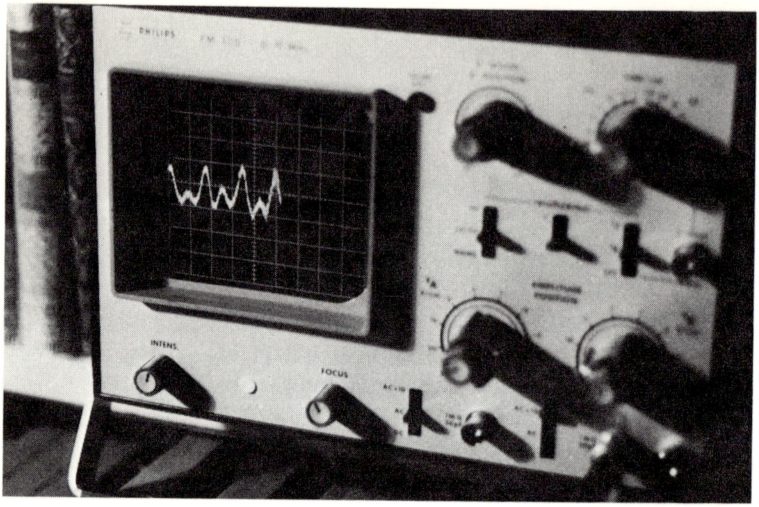

Abbild der Ton-Gravur (nur einer Rillenflanke) der Platte, allerdings entzerrt und verstärkt. *A. Spoerl*

Vielleicht gibt es zum **Klang-Testen** ein Rezept. Ich vermag nicht zu sagen, ob es auch bei Ihnen funktioniert. (Das wissen die Ärzte bei ihren Rezepten meist noch viel weniger.) Und das sieht so aus:

Sich zum Klang-Test eine anspruchsvolle Schallplatte heraussuchen. Sie darf sogar ein wenig verschlissen sein. Diese Platte einundzwanzigmal innerhalb von 2 bis 3 Tagen abspielen. – Wenn Sie sie aus purer Lust zum zweiundzwanzigsten Male abspielen – dann ist die Anlage richtig für Sie.

An dieser Stelle dürfen Sie wieder alles vergessen, was ich über den Begriff HiFi, über Frequenzgang, überhaupt über Geräusche, Töne und Klang geschrieben habe. Sie brauchen es nie mehr wieder!

12. Platten

(Umgang)

Es war eine der genialsten Ideen (Edison), die Luftstöße (›Longitudinal-Wellen‹) auf eine große Membran prallen zu lassen und der Membran einen Stachel aufzupflanzen, der die Impulse des Schalls in eine Wachstrommel graviert. Und mit derselben Nadel an der Membran die Eingravierungen wieder in Membran-Schwingungen umzusetzen, damit in Schallwellen der Luft!

Die Ton-Konserve war geboren.

Hier interessieren uns des weiteren nicht die ›Schrift-Arten‹, wie sie sich weiter entwickelten (Tiefenschrift, Seitenschrift), ansonsten würde uns Nostalgie übermannen. Erst bei der Stereo-Platte müssen wir auf die glückliche Kombination zweier Gravier-Systeme in der Schallplatte noch einmal kurz zurückkommen.

Die rührende Schellack-Platte hatte eine Spieldauer von 3 bis 5 Minuten. Danach mußte man sie umdrehen. (Und die Nadel wechseln, wenn es keine Langspiel-Nadel war.) So wurden Konzerte entweder in dicke Alben gebracht oder so gekürzt, daß es einem weh tat.

›Konserve‹ ist ein häßliches Wort. Und doch haben uns die Schellack-Konserven so vieles erhalten, was sonst für ewig begraben wäre. Damit meine ich nicht die Noten, sondern die Interpreten. Aber auch historische Reden, vom sachlichen Stresemann bis zum belfernden Hitler. – Diese alten Platten lassen sich mit elektronischen Tricks tonlich so aufmöbeln, daß die Platten nicht nur historische Bedeutung (als Konservatoren) haben, sondern auch unserem anspruchsvolleren Gehör in etwa genügen.

Und einen unbestrittenen Vorteil hatten sie: die Robustheit! Ihre Rillen lagen weit voneinander, die Gravierungen schwangen weit aus – sie mußten ja ohne elektronische Verstärkung auch die Membran eines rein mechanischen Grammophons zum lauten Schwingen bringen! –, und die eingravierten Kurven waren sanft und geduldig für die dicken Nadeln unter einem schweren Tonarm. Diese Platten machten sich wenig aus Staub und kleinen Verletzungen. Zum Reinigen genügte eine Sammetbürste, kräftig darüber gerieben.

Diese Schellack-Platten verschlissen kaum. (Während eine heutige PVC-HiFi-Platte sehr bald den Ton von brutzelnden Bratkartoffeln bekommt!)

Zerbrechlich allerdings waren sie. Eine eheliche Auseinandersetzung wurde gern durch Platten-Schmeißen gekrönt. Das Bersten an der tapezierten Wand konnte alle Nachbarn lüstern aufhorchen lassen.

Der eine oder der andere ist heute noch im Besitz dieser Platten. Aber zum Abspielen braucht er einen Plattenspieler mit der alten schnellen Drehzahl. Und einen robusten, beschwerten Tonarm; beschwert, weil sonst der Saphir oder Diamant in den groben, alten Rillen herumsirrt. – Darum ist es besser, diese alten Platten mit einem alten Plattenspieler abzutasten. HiFi wird es so oder so nicht, und mit dem alten Abspiel-System wird es wenigstens »ehrlich«.

Unsere heutigen Platten geben schon Ton ab bei einer Auslenkung der ›Nadel‹ um 1 bis 2 μm.

Ein Staubkorn mißt im Mittel 5 μm. Klar, daß jedes Staubkorn in der Rille bereits gehörig in unsere Ohren fährt!

Darum vorweg eine bittere Feststellung:

Unsere feinen Schallplatten dürfen nicht verstauben. Beim Abspielen soll der Plattenspieler zugedeckt sein. Und danach dürfen die Platten – auch bei abgedecktem Gerät! – nicht auf dem Plattenteller liegen bleiben, sondern müssen schnellstens zurück ins Kuvert! Denn Staub läßt sich nach einhelliger Meinung der Industrie nie wieder aus den Rillen entfernen. Eine Schallplatte unserer Zeit läßt sich nicht säubern.

Am schädlichsten sind sogenannte Antistatik-Tücher. Sicher machen die antistatisch (die Platte lädt sich nicht elektrostatisch

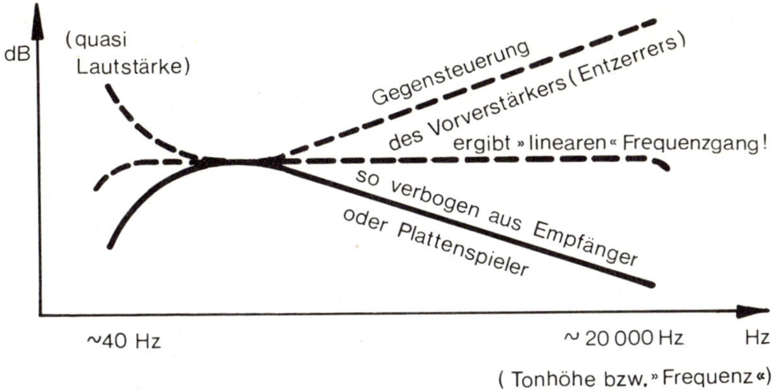

»Linearer« Frequenzgang heißt, daß die Töne in allen Höhen gleich laut klingen. »Entzerrung« (Vorverstärker) – vereinfachte Darstellung. *Philips*

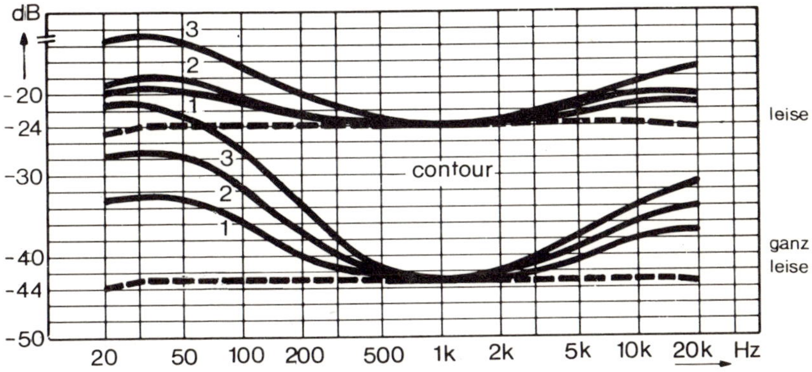

Contour. Eigenart des menschlichen Ohrs: bei leisen Tönen versacken Bässe und Höhen. Darum soll bei leiser Hintergrundmusik eine Schaltung vorhanden sein, die Bässe und Höhen besonders anhebt. Und zwar: je leiser eingestellt, um so mehr erhöhen! Beachte obere und untere Kurvenschar! – Bei –24 dB nur mäßige Anhebung der Kontur-Schaltung (Stufe 1 bis Stufe 3 schaltbar). Beachte untere Kurvenschar! – Die Anhebungen auf allen Stufen der Kontur-Regelung sind erheblicher! (Für ›Contour‹ haben die Verstärker einen besonderen Schalter.) *Philips*

Platten-Reiniger als gesonderter Tonarm: Besen-Typ. Nicht zu verwenden bei schwächlichem Antrieb, setzt dann die Umdrehungszahl der Platte herab. Samtröllchen am Ende ›führt‹ und reinigt zugleich. – Nachfolgender Besen kehrt nach. Nicht mit Antistatic-Flüssigkeit tränken, weil sonst die Rillen verschmieren.

A. Spoerl

auf, zieht keinen Staub an), aber sie verkleistern die Rillen, die Gravuren, und dann werden die Rillen ähnlich wie Fliegenfänger. Staub und Antistatik-Kleister verrühren sich zu einem Papp.

Für ebenso unsinnig halte ich Antistatik-Spray auf Schallplatten!

Etwas besser sind Sammetwalzen mit zugeordnetem Bürstchen, die quasi als zweiter Tonarm den Staub abfegen. Sie helfen nur ein wenig, richten aber auch keinen Schaden an.

Patent-benäßte Zellstofftücher machen wieder nur Schmiere, schmieren klümpchenweise, dann wird aus leichtem Zischen ein deutliches Brutzeln.

Ich habe Platten auch mit Detergenzien aus der Küche, mit Schwamm und Seife gewaschen. Eine Nacht hindurch unter die kalte Brause gelegt. Geholfen hat das alles nichts. Ich tat es ja auch nur, um die Industrie zu widerlegen. Ich gönne ihr einfach

Plattenreiniger als gesonderter Tonarm: Typ Lenko. Reinigt gar nicht, läßt die Nadel aber in nassen Rillen laufen: verringertes Knistern! Nicht mit Antistatic-Flüssigkeit füllen! – Am unproblematischsten ist destilliertes Wasser! *A. Spoerl*

nicht, daß verdreckte Platten weggeworfen bzw. neu gekauft werden müssen.

Bleibt noch das ›Lenco-System‹: ein Bürstchen benäßt während des Abspielens die Rillen, die ›Nadel‹ läuft in flüssigkeitsgefüllten Rillen. – Das funktioniert tatsächlich! Aber ach, wenn man es einmal mit einer Platte so tat, muß man es immer mit ihr so tun. Ansonsten knirscht sie! Und was ist das für eine Flüssigkeit in dem nässenden Lenco-Arm? Sie bezeichnet sich als ›frei von Antistatik-Mitteln‹. Und das stimmt. Es genügt nämlich destilliertes Wasser.

Wer seine Platten liebt, spielt sie oft. Und der kann noch so vorsichtig mit ihnen umgehen: sie verschleißen. Die schönsten, technisch besten am frühesten!

Es liegt nicht nur am ›Verschleiß‹, wenn man alte, geliebte Platten nicht mehr hören mag, sondern an neuen Aufnahme-Verfahren bzw. neuen Plattenspielern!

Stereo-Platten zum Beispiel, die vor der Mitte der 60er Jahre hergestellt wurden, haben oft noch eine andere Gravur; sie entsprechen nicht mehr den heutigen Normen der Tonabnehmer. Darum klingen sie auf neuen Geräten auch schlechter. (Bisher nur glauben; verstehen werden Sie das im Kapitel Plattenspieler.)

Wie soll man Platten aufbewahren?

Erstens niemals – nicht einmal für Minuten! – in der Sonne oder an der Heizung liegen lassen. Diese Kunststoffplatten verbiegen sich bei Wärme.

Am besten liegen sie aufeinander. Stellt man sie nebeneinander, können sie sich auch wieder verbiegen.

Staubgeschützt müssen sie sein. Darum sind Platten so lästig: man muß das Album blättern, das Papp-Kuvert herausziehen, aus der Pappe das Papierhemdchen, aus dem Hemdchen die Platte. Und nachher wieder hinein ist noch puzzeliger. – Fazit: je technisch feiner die Platten, ihr Ton, um so diffiziler der Umgang. (Und darum später das Kapitel über Cassetten.)

Welche Firma macht die besten Platten?

Keine! – Wenn man gelegentlich Platten-Tests liest, ist die gute Platte offensichtlich ein Zufall, wenn nicht gar ein Versehen. Die teuersten sind keineswegs immer die besten. Nur manchmal sind sie es doch. – Was ist überhaupt eine ›gute Platte‹? Die einen meinen damit die tonlich gute Platte, die anderen meinen die Interpretation. So können Sie in seelische Konflikte geraten: das »3. Brandenburgische« mit bester Tontechnik, aber mittelmäßig interpretiert, oder umgekehrt? – da kann auch ich Ihnen nicht helfen.

Wie kauft man Platten? – Man kann sie vorher anhören. Aber welche blondlodernde Verkäuferin gesteht Ihnen denn ein, wie viele andere Menschen diese Platte schon probe-gehört haben? – Verlangen Sie darum die gleiche Platte im verschweißten Kuvert! Natürlich kann die eine Macke haben. Darum: die eingeschweißte Platte »entjungfern«, auch noch einmal anhören, im Geschäft.

Uneingeschweißte Platten mögen schon von manchen ›zur Probe‹ mit nach Hause genommen worden sein, dort mehrmals auf Tonband überspielt und dann zum Geschäft zurückgetragen. – Auf diese Weise nämlich habe ich eine Menge guter Tonbandaufnahmen geschnitten!

Platten soll man nicht verleihen. Jeder Tonabnehmer hat seine Eigenheiten, und manche Tonabnehmer sind defekt und verderben die Gravur Ihrer Platte.

Es gibt Musik, die das verträgt. Es gibt auch Menschen, die gestörte Schallplatten nicht merken. Aber dann brauchen wir nicht mehr über HiFi zu reden, sondern nur noch über Lebenskünstler.

13. Plattenspieler

(Pick up)

Wann immer mechanische Schwingungen in elektro-magnetische umgesetzt werden sollen – oder umgekehrt –, entstehen Probleme: entgegengesetzte Forderungen sollen erfüllt werden. Das war schon deutlich bei den ›Boxen‹. Beim Tonabnehmer ist es ebenso, nur noch schlimmer!

Ich habe mich bisher standhaft bemüht, Ihnen jede Technik vom Halse zu halten. Aber beim Tonabnehmer müssen Sie doch erfahren, wie er funktioniert; ich darf Sie nicht länger schonen. Denn Sie müssen ihn ja ›handhaben‹.

Wie diffizil Platten sind, erfuhren Sie schon. Diesen ›Kuchen‹ aus keineswegs stahlhartem Material und mit den eingravierten Kurven – in zwei Ebenen dazu! – und Erhebungen von bis hinunter zu $^1/_{1000}$ Millimeter soll der Plattenspieler abtasten und Musik daraus machen.

Um es gleich ehrlich zu sagen: er wird nicht mit jeder Platte fertig. Veraltete Plattenspieler holen keine High-Fidelity aus neuen Platten, und moderne Platten vertragen sich nicht mit alten Plattenspielern. Genormt wurde das Abtast-System erst in den sechziger Jahren.

Diskutabel sind heute nur noch zwei Tourenzahlen: 45 (für kleine Singles) und 33 (für LPs). – Die alte Tourenzahl der Schellack-Platten nutzt uns nichts, weil die Tonarme zu leicht sind. – Die sogenannten ›guten Sachen‹ sind auf LPs (Langspielplatten), und hier meine ich ebenso klassische Musik wie auch Musicals (die zuweilen ebenso schöpferisch sein können wie die ›klassische Musik‹ und von denen manches vielleicht später einmal auch als ›klassisch‹ anerkannt werden wird).

Soll-Geschwindigkeit.

Diese Platten also sollen beim Abspielen vom Teller mit einer ganz bestimmten Geschwindigkeit gedreht werden. (Das umgekehrte Verfahren: die Platte ruht, die Nadel kreist auf ihr, dient nur Sonderzwecken und ist noch weit von HiFi entfernt.) – Dreht sich der Teller langsamer, dann wird der Ton tiefer, im entgegengesetzten Fall gerät der Ton zu hoch. Es soll aber der richtige Ton bleiben!

Nun ist die Drehzahl von Antriebsmotoren für Plattenteller theoretisch leicht steuerbar: durch die Wechselstrom-Frequenz aus dem Netz (Quasi/Synchron-Motoren). Trotzdem funktioniert diese Theorie nicht ganz. Gute Plattenspieler haben – wie die Phonographen zu Großmütterchens Zeiten – nun doch wieder eine Regulierung von Hand. (Heute meist eine dezente Schlitzschraube irgendwo neben dem Plattenteller.) – Zum genauen Einstellen gehört elektrisches Licht vom Wechselstrom-Netz (Tischlampe oder Deckenleuchte). Dazu gehört weiter eine Stroboskopscheibe mit den Skalen für 45 und 33. Die gibt es aus Pappe, dann muß man sie auf den Plattenteller legen. Es kommt auch häufig vor, daß der Rand des Plattentellers als Stroboskop graviert ist.

Leuchtet Ihr elektrisches Licht auf diese Scheibe und sieht es dann so aus, als blieben die schwarzen Felder der Scheibe auf der Stelle stehen, dann stimmt's. Wandern sie statt dessen, dann müssen Sie auf alle Fälle nachregulieren, denn dann stimmt die Soll-Geschwindigkeit nicht. – Den hier bald genannten ›Gleichlauf‹ können Sie mit der Scheibe nicht kontrollieren, oder es müßte schon sehr weit fehlen! – Und wenn's nicht haargenau stimmt, die Felder im Schneckentempo wandern, hören Sie es wahrscheinlich gar nicht oder allenfalls, wenn Sie zu ›Begleitplatten‹ ein Instrument spielen mit unveränderlicher Stimmung, vielleicht Blockflöte.

Weit wichtiger ist der **Gleichlauf** des Tellers! Wenn die Tourenzahl nur kurzzeitig schwankt, schwankt auch der Ton, so, daß es weh tut; die Musik jault! (wow und wenn es noch kürzer jault, leiser wird: flutter.)

Wir müssen jetzt daran denken, daß der Elektromotor ja auch nur stoßweise arbeitet! Bei jeder halben (oder viertel oder achtel) Umdrehung wird am Anker, also an der Achse, ›magnetisch‹ gezupft. Je schneller er läuft, um so weniger fällt das auf, aber ein schnell laufender Motor muß bis zur Achse des Plattentellers wieder geschwindigkeitsmäßig untersetzt werden, und auf diesem Weg geraten andere Unregelmäßigkeiten in den Antrieb. Sind deshalb die Konstrukteure – mit zerrauften Haaren – schon ins andere Extrem gegangen und haben superlangsame Motoren eingebaut, so langsam, daß keine Untersetzung mehr nötig ist (›Getriebe‹), die Motorachse zugleich Tellerachse ist. Aber das wurden große, schwere Motoren mit vielfach unterteilten Ankern, und die sind teuer.

Das Normale ist der Kompromiß! Mittelschneller Motor mit einstufiger Untersetzung. – Aber wie untersetzt man, wie macht man aus ›schnell‹ ›langsamer‹?

Antrieb.

Ich gehe darauf so gern ein, weil jedes System von seinem Hersteller gepriesen wird:

a) Die Motorachse treibt ein kleines Gummirädchen, das Gummirädchen treibt von innen den Rand des Plattentellers. Das ist eine verblüffend einfache, robuste, beinahe geniale Lösung. Nur – kein Gummirädchen bleibt ewig rund! Und sobald es eiert, jault die Musik. Und auswechseln kann man so ein Gummirädchen nur, wenn man ein neues kaufen kann. Daran sind nicht alle Hersteller interessiert. Und nun müssen Sie einen ganzen neuen Plattenspieler kaufen!

b) Die Motorachse treibt mit einem Riemenrädchen eine dünne Plastikschnur an, die Schnur treibt ein größeres Riemenrad des Tellers, gar den Rand des Tellers selbst. – Diese Plastikschnüre wirken als federnde Zwischenglieder, schlucken das ›Ruckeln‹ des Antriebsmotors, sorgen also für patenten Gleichlauf. – Aber: sie neigen mitunter auch zu Eigenschwingungen und bringen damit wieder Ungleichmäßigkeit in den Antrieb. – Sie altern, längen sich oder werden hart. Nun, man kann sie auswechseln. Man kriegt sie immer; wenn ihre Länge nicht stimmt, kann man ein Stück herausschneiden und die Enden wieder mit dem Lötkolben verschweißen (notfalls!).

Weil a) und b) Kompromisse sind und auch der Direktantrieb nicht ganz ›stoßfrei‹ arbeitet, speichert man die Stöße durch viel Masse: einen möglichst gewichtigen Plattenteller!

Jaulen und Wimmern. (Wow and flutter) »Wow« spricht sich, wie ein Wauwau bellt, »flutter« aber einfach wie: flatter.

Das genügt für mehr noch als High-Fidelity. – Aber eines Tages ist es zwar noch high, doch nicht mehr Fidelity! Es jault:

Erster Verdacht: Gummirädchen oder Schnur.

Zweiter Verdacht: die Achse vom Plattenteller läuft rauh. Eine Zahnstocherspitze in Nähmschinen-Öl tunken und auf das Widerlager des abgenommenen Plattentellers tupfen.

Dritter Verdacht: die Motorachse läuft rauh. Auch hier Zahnstocher-Versuch.

Weil ein Elektromotor stoßweise läuft – und das will noch immer manch einer nicht glauben! –, entstehen im Gerät Vibrationen. Die wollen sich auf die Platte übertragen. Wenn es ihnen gelingt, entsteht das sogenannte **Rumpeln.** Sie hören es in den kurzen Musikpausen oder beim Pianissimo. – Dagegen hilft die federnde Aufhängung des Motors mit dem gewichtigen Plattenteller – wenigstens soweit, daß Ihr Ohr das Rumpeln nicht mehr wahrnimmt.

Und dazu gehört jetzt die allgemeingültige Zwischenbemerkung: es gibt keinen Fehler in der Anlage, der sich hundertprozentig eliminieren läßt; man kann ihn nur so weit unterdrücken, daß er unhörbar wird! Das schreibe ich nicht aus Wichtigtuerei, sondern weil damit erklärt ist, daß in verbesserten, verfeinerten Bausteinen einer Anlage dann doch plötzlich ›Fehler‹ hörbar werden, die nicht an dem neuen Baustein liegen, sondern an einem alten, der noch durchlaufen wird. (So kann zum Beispiel ein verbesserter Verstärker mit weiterem Frequenzgang plötzlich das Rumpeln aus dem bisher tadellosen Plattenspieler hörbar machen, weil er vielleicht tiefere Töne besser wiedergibt – oder die neuen Super-Boxen lassen ein Klirren hören, das nicht von den

Boxen kommt, sondern vom Plattenspieler oder Verstärker oder was sonst noch von gestern ist.)

Ein Plattenspieler darf nicht rumpeln. Wenn er es trotzdem tut, wurde beim Auspacken vergessen, die Halteschrauben des Chassis zu lösen. (Gebrauchsanweisung!) Diese Schrauben wurden für schüttelnden Transport angebracht, aber nicht für den Betrieb! – Denken Sie beim nächsten Umzug an diese Schrauben, und fixieren Sie das Chassis wieder!

Es dürfte heute keinen Plattenspieler mehr geben, an dem das **Auflage-Gewicht** des Tonarms nicht fein einstellbar ist. Unsere Platten sind so empfindlich geworden! Und hier treffen sich abermals widerstreitende Faktoren: je schwerer die ›Nadel‹ in den Rillen liegt, um so fester ihre Führung. Aber das vertragen die heutigen Rillen nicht mehr! Die Nadelspitze ist zwar abgerundet, aber nur mit einem Radius von 15 My. Ihre Spitze soll den Rillengrund nicht berühren, denn der macht keine Musik, sondern nur Kratzgeräusche. Also liegt die Nadel fast ideal punktförmig auf den beiden Rillenflanken auf. Je kleiner der ›Punkt‹, um so besser die Wiedergabe, aber – um so vielfach höher auch der spezifische Flächendruck auf die eingravierte Musik. Es geht tatsächlich um Drücke in Tonnen-Größe! Und wird der Druck zu groß, dann werden die feinen Wellen-Gravierungen niedergequetscht und verlöschen. Darum also die Feineinstellung des Tonarm-Gewichts!

Allgemein wird empfohlen: 1,5 bis 2,5 Pond (früher: Gramm). Und das ist am Hinterteil des Tonarms einstellbar (Gebrauchsanweisung!) – Zartfühlende Platten-Fans stellen noch weniger Pond ein, vielleicht nur 0,5 oder 1,0 Pond – und ruinieren damit auch wieder ihre Platten! Denn nun schwirrt die Nadel in der Rille, macht nicht nur schlechten Ton, sondern zerhämmert die gravierten Flanken.

Anders ist es mit biradialen Nadeln. Die sind im Querschnitt nicht rund, sondern oval. Sie können den beidseitigen Gravuren in der Rille besser nachfahren, sich mit ihren eckigen Hüften in die kompliziertesten Kurven hineintasten, aber eben wegen dieser ›Hüften‹ sind die Auflagepunkte noch kleiner, der spezifische

Auflagedruck ist noch höher. Darum steht dann in der Gebrauchsanweisung – ausnahmsweise! – ein Auflagegewicht von nur 1,0 bis 1,5 Pond.

Stereo.

Fast alle heutigen Platten sind stereo! – Es verlangt zwei Wiedergaben zugleich, das, was von links kam, und das, was von rechts kam, das, was nun die linke, und das, was die rechte Box abstrahlen soll. Wie kann man zwei getrennte Aufzeichnungen in einer Rille unterbringen?

Ganz einfach: man muß nur zwei Erfinder zusammenschmeißen: Edison und Berliner. – Edison gravierte in die Tiefe, also quasi Berg und Tal. Berliner gravierte seitlich, also Kurvenstraße. (Mono-Platten!) – Graviert man den linken Kanal in Tiefenschrift und den rechten Kanal in Seitenschrift, dann sind beide ›Kanäle‹ (links, rechts) in einer Rille untergebracht. Und so machte man es auch zuerst.

Aber die reine Tiefenschrift (Edison) hat ihre Nachteile behalten. So wurde wieder ein Kompromiß geboren: jeder der zwei ›Kanäle‹ (rechts und links) graviert zugleich etwas in die Tiefe und etwas in die Flanke, was heißt: der gravierende Stichel (bei der Aufnahme vom Mutterband) pflügt die äußere bzw. innere Böschung der nun furchenartigen Rille. Es entstehen zwei Flanken von 45^{0} Böschung. So ist die eine Seite der Furche für die linke Box, die andere für die rechte Box.

Natürlich ist es in Wirklichkeit nicht ganz so! Beim Gravieren entstehen Mitschwingungen, die einiges, was auf die äußere Flanke gelangen soll, auch auf die innere Flanke der Rille übertragen. Und beim Abspielen passiert das abermals! Die Techniker nennen es **Übersprechen**. Es stammt von Telefondrähten in einem dicken Kabel; dann hören Sie manchmal fremde Leute.

Das ›Übersprechen‹ ist nicht völlig zu vermeiden, ein wenig sollte es sogar sein, damit wir aus unseren Boxen nicht einen reinen Pingpong-Effekt hören (und auch nicht im Kopfhörer!), aber was zuviel ist, hat wieder das DIN-Blatt festgelegt. Da wird die nötige ›Übersprechdämpfung‹ angegeben.

Jedoch – wird der Stereo-Effekt zu soßig, muß es nicht an Ihrem Plattenspieler liegen. Vielleicht kommt dieser Effekt schon in einem nicht vollendeten Verstärker elektrisch zustande. Oder es liegt an zu langen Kabeln bis zu den Boxen. Meist liegt es an der Platte! – Tests durch das deutsche Wareninstitut ›Test‹ haben erstaunliche Unterschiede bei Platten ans Tageslicht gebracht.

Und manchmal mag es sogar am Dreck auf der Platte liegen. Aber dann hört sich die ganze Platte schon miserabel an, oder die Nadel überspringt – voller Fusseln – sogar schon Rillen.

Warum wird die Wiedergabe auf der rechten Box eines Tages stumpfer oder verzerrter als auf der linken Box? Die Boxen können nichts dafür. Schuld ist meist der Plattenspieler.

Die Aufhängungsgeometrie des Tonarms bringt es mit sich, daß der Kopf mit der Nadel zur Achse des Plattenspielers hin rutschen möchte. Nun, er wird durch die Rille festgehalten. Er möchte dennoch, stemmt sich gegen die Innenflanke der Rille und nutzt sie mehr ab als die Außenflanke! – Gegen dieses **Skating** gibt es an guten Geräten wieder eine Kompensationsschraube (Anti-Skating-Regulierung). Zum Einstellen brauchen Sie eine rillenlose Platte und regulieren so lange, bis der Tonarm nicht zur Mitte Plattenteller wandert, sondern still hält. Rillenlose Platten gibt es aber nicht – nur wieder als Testplatte vom High-Fidelity Institut.

Wenn Ihr Plattenspieler keine Regulierung hat, geht es notdürftig auch mit Papier: unter die Gummifüße des Gerätes schieben, bis es so weit nach vorn oder hinten geneigt steht, daß kein Skating-Effekt mehr feststellbar ist.

Wie lange heute eine Nadel hält? Es hängt davon ab, wieviel sie aushalten muß und von ihrem Material.

Die weichen Saphir-Nadeln sind in guten Geräten selten geworden. Sie kamen auf die Dauer gar nicht soviel billiger, weil man sie häufiger wechseln mußte. Gelobt wurde an ihnen nur, daß sie die Platten schonen, eine verletzte Saphir-Nadel sich nicht in die Gravur der Rille schneidet. Ich habe es nie untersuchen können. Und ich meine, daß eine verletzte Nadel nie etwas auf einer Platte zu suchen hat.

Modell eines biradialen Diamanten bei Abtastung der Stereo-Rille. So tastet die biradiale (im Querschnitt ovale) Nadel hier nur eine Flanke in der Rille ab. *DHFI*

Wie denn eigentlich verletzt man Nadeln? Zum Beispiel durch Fallenlassen auf die Platte, vielleicht schon durch zu hartes Aufsetzen. Durch Wegreiben der gesammelten Fusseln mit dem Daumen. – Gegen dämliche Daumen ist kein Kraut gewachsen. Gegen zu hartes Aufsetzen haben heute ordentliche Plattenspieler den gedämpften ›Lift‹: mit Druckknopf oder Hebelchen senkt sich der Tonarm ganz sanft auf die Platte nieder. Hebt sich auch wieder heraus.

Eine Nadel aus Diamant ist dauerhafter zwar, aber ebenso verletzlich, weil so spröde! – Also nochmal: wie lange kann man die Damant-Nadel im Tonarm lassen: a) etwa ein Jahr, wenn man pro Abend nur 5 bis 6 Schallplattenseiten abspielt. Vielleicht hält sie noch länger, aber dann will mir das riskant erscheinen.

Nirgends fand ich die ›Kilometer-Leistung‹ einer Diamant-Nadel; b) bis eine sonst einwandfreie Platte plötzlich rauh klingt, gar klirrt oder auch nur übermäßig zischt. Sie können die Nadel auch noch weiter benutzen, aber dann zerschneidet die all Ihre anderen Platten auch, und dann zischen sie alle giftig. Auch mit einer hinterher neuen Nadel. Denn ihre Gravuren sind verletzt.

Die unterschiedlichsten Nadel-Fabrikate passen in Ihren Tonarm. Aber einsetzen dürfen Sie nur diejenigen, die Ihrem Plattenspieler angepaßt sind, geometrisch! Welche das sind, können Sie in der Gebrauchsanleitung Ihres Plattenspielers nachlesen. Und wenn es plötzlich noch neuere, ›modernere‹ Nadeln gibt, muß auf deren Beipackzettel Ihr Plattenspieler aufgeführt sein.

Sind zwar die Spurwinkel und manch anderes heute genormt, so hat jede Masse (und Masse hat zum Beispiel auch der Tonarm) die ihr eigene Trägheit und Eigenschwingungs-Zahl. (Und auch das bißchen Nadel hat Masse!) Beide müssen aufeinander abgestimmt sein, weil es sonst zu Schwingungskopplungen kommt, zu störenden Resonanzen im hörbaren Bereich. – Lassen Sie sich da nichts Falsches aufschwätzen, weil das Richtige gerade nicht auf Lager ist!

Compliance.

An dieser Eigenschwingung der Nadel ist auch die Aufhängung beteiligt, die ›Federung‹ der Nadel (horizontal wie vertikal). – Und da ist es wieder ähnlich wie mit den Boxen – sich widerstrebende Forderungen:

Einerseits soll die Nadel möglichst leicht ausschwingen können, um den welligen Gravuren ungehemmt zu folgen, andererseits soll sie doch schnell in ihre Mittellage zurückfedern. Sie soll also nachgiebig und steif zugleich ›gefedert‹ sein.

Wie es die Nadel Ihres Plattenspielers hält, welche ›Compliance« sie hat, soll Sie gar nicht interessieren, die Compliance muß nur die richtige für Ihr Gerät sein! (Im Katalog ist sie auch fast nie angegeben.) – Die Compliance (oder paradox: Rückstellkraft) hat nichts mit der sogenannten ›Schnelle‹ zu tun – falls ein Gesprächspartner Sie einmal mit diesem Wort zu überfahren versucht. Denn die **Schnelle** ist nichts anderes als die (Taumel-)Geschwindigkeit der Nadel beim Abfahren der Plattenrille, und die hängt nicht von der Nadel ab, sondern von der Platte bzw. dem darauf gespielten Stück (Umfangs-Geschwindigkeit der jeweiligen Rille und Frequenz des Tons).

Das Kunststück des Plattenspielers besteht darin, die Gravur über die Mechanik einer tastenden Nadel wieder in dieselben elektrischen Impulse umzuwandeln, wie sie das Mikrofon abgab. Aus den Nadelschwingungen – in zwei Ebenen, wenn es stereo ist! – müssen elektronische Schwingungen gemacht werden.

Klassisch ist das **elektro-magnetische** Prinzip – wie es auch immer ausgeführt ist (mit bewegtem Magnet, induzierendem Magnet, mit variablem magnetischen Widerstand oder elektrodynamisch), es kommt auf eine ganz einfache Sache hinaus: ein Magnetfeld im Tonabnehmerkopf wird durch Anbauten an der Nadel so ›gestört‹, daß aus Nadelschwingungen elektrische Impulse entstehen. So viele Impulse pro Sekunde wie Nadelbewegungen pro Sekunde und so stark oder so schwach, wie weit die Nadel tanzt. Simplifiziert: ein Stabmagnet in einer Spule erzeugt einen elektrischen Impuls, sobald man ihn in der Spule bewegt.

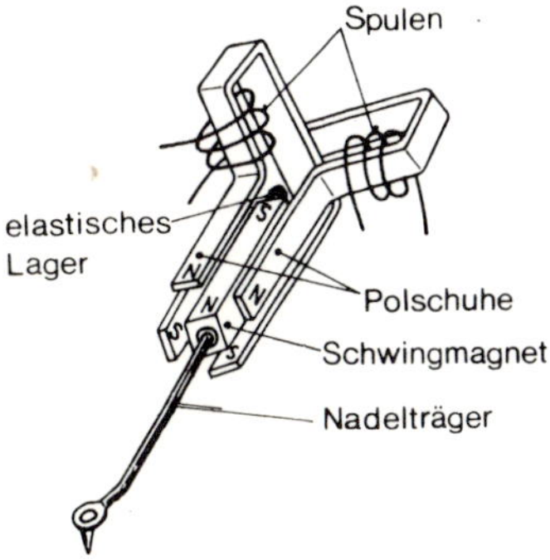

Schematische Darstellung eines magnet-elektrischen Tonabnehmersystems mit Schwingmagnet (Stereo).
DHFI

Stößt man ihn zum Beispiel 600mal pro Sekunde in die Spule hinein, dann entstehen in der Spule pro Sekunde 600 Stromstöße. Auf einen Lautsprecher gebracht, würden wir das 600 Hz nennen. Stößt man den Stabmagneten schneller bzw. tiefer hinein, werden die elektrischen Impulse stärker (›Amplitude‹). Soweit für diejenigen, die nicht mehr an die Schulbank denken möchten. Aber im Tonabnehmer mit elektro-magnetischem System geht es weiter so zu, wie der Herr Studienrat es uns damals grob demonstriert hat.

Aus den winzig kleinen Systemen am Ende des Tonarms kommt solcherweise aber nur ein minimales Strömchen, zu schwach für Boxen und überdies falsch im Frequenzgang.

Darum sollen Sie sich nun an das Kapitel über Verstärker bzw. Bausteine der Anlage erinnern:

Die schwächlichen Impulse des elektro-dynamischen Systems müssen entzerrt werden (auf den gehörrichtigen Frequenzgang gebracht werden). Sache des sogenannten Vorverstärkers. Meist ist er im Leistungsverstärker eingebaut.

In den 50er Jahren kam ein moderneres System auf den Markt, so einfach in der Konstruktion und so problemlos, daß es den elektro-magnetischen Plattenspieler fast verdrängte: das piezo-elektrische System. Sie kennen es heute unter dem Namen: **Kristall** bzw. ›Keramik‹!

Mir sei hier die Anmerkung vergönnt, daß ich gleich meinen Unmut darüber kundtat, schriftlich natürlich. Böse Briefe kamen mir dann ins Haus, teils von der Industrie, teils von der Kundschaft.

Nun, das elektro-magnetische (elektro-dynamische) System ist dennoch wieder auferstanden, vorwiegend für HiFi.

Aber das piezo-elektrische System ist immer noch da. Weniger für HiFi. Jedenfalls ist es einfacher in der Herstellung:

Verbiegt man gewisse Kristalle (z. B. Quarz, Kalium-Natrium-Tartrat u. a. m.), entsteht auch ein elektrischer Impuls. Es gibt heute Feuerzeuge ohne Feuersteine, die damit ihren Funken erzeugen. – Diese Kristall-Systeme erzeugen elektrische Impulse über die abtastende Nadel; sie zerrt (biegt) an einem ihr oben aufgepfropften ›Kristall‹ in der Frequenz der Rillen-Gravur. Inzwischen benutzt man kaum mehr Kristalle, sondern Keramiken. Sie sind schneller zu fabrizieren und unempfindlich gegen Feuchtigkeit und Wärme.

Der Vorteil dieser piezo-elektrischen Systeme: die von ihnen erzeugten Impulse sind weit kräftiger (als durch Elektromagnetik), und – sie müssen nicht entzerrt werden, weil sie fast gehörrichtige Impulse (Frequenzgang) erzeugen!

Fazit: elektro-magnetisch für HiFi, piezo-elektrisch für Quasi-HiFi.

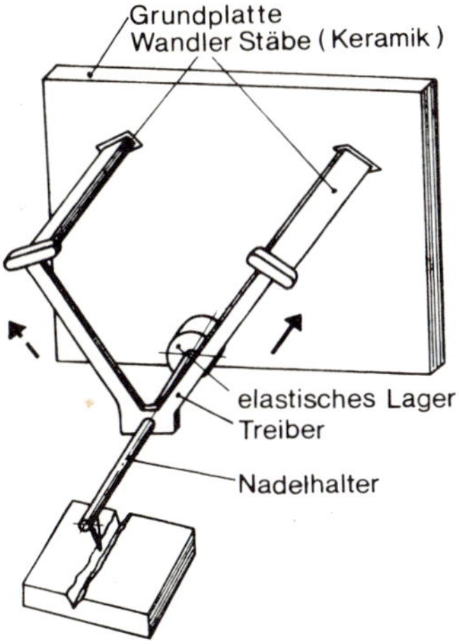

Schematische Darstellung eines piezo-elektrischen Tonabnehmersystems (Stereo).
DHFI

Und nun muß Ihnen ein Licht aufgehen, daß gute Verstärker zwei Eingangs-Buchsen haben, getrennt für elektro-magnetischen Plattenspieler und für ›Kristall‹ (bzw. ›Keramik‹). Manchmal sollte man doch die Gebrauchsanweisung seines Verstärkers oder seines Compact-Gerätes lesen, dazu noch wissen, welche Sorte Plattenspieler man anschließt.

Und auch das allein genügt nicht immer. Der Plattenspieler muß die **Ausgangs-Spannung** haben, die zur Eingangs-Spannung des Verstärkers paßt. Beides finden Sie als $^1/_{1000}$ Volt in den Katalogen bzw. Gebrauchsanleitungen. Die Ohm-Zahl muß stimmen (wenigstens in gewissen Toleranzen). Und bezogen ist es oft auf eine gewisse Frequenz, zum Beispiel 1000 Hz.

Und darauf zu achten, wäre eigentlich Sache Ihres Radiohändlers. Schreiben Sie ihm vor Abschluß des Kaufs, daß er die Anpassung prüfen soll; dann haben Sie hinterher auch eine Reklamationsbasis, wenn der Händler nicht zueinander passende Geräte bei Ihnen aufstellt oder Ihnen ein nicht ›compatibles‹ Gerät zusätzlich verkauft. – Und das gelte nicht nur für den Plattenspieler, sondern für alle Bausteine Ihrer Anlage; hier ist es nur so gut deutlich zu machen!

Einfacher ist es naturgemäß mit den **Compact-Geräten**: Radio, Verstärker und Plattenspieler in ein und demselben Kasten. Besonders in der BRD sind diese Geräte beliebt. Die Anpassung stimmt immer, und alle Bedienungsknöpfe sind beisammen. Und das Ganze spart Platz. – Über die Nachteile sprach ich eingangs.

Für **quadrophonische** Platten gibt es naturgemäß auch dazugehörige Plattenspieler. Aber wie machen die in zwei Bewegungsfreiheiten der Nadel (vertikal und horizontal, wenn auch abgewinkelt) nun 4 Kanäle für 4 Boxen? – Indem sie den Gravuren Pilot-Töne aufgeben, die vom Abtastgerät decodiert werden, auf die 2 × 2 Boxen verteilt. Aber leider hat hier die Normierung noch nicht eingegriffen; nicht jede Quadro-Platte paßt unter jeden Quadro-Plattenspieler (SQ-Verfahren und CD-4-Verfahren). Wollen wir dieses Gebiet vorerst den Experimentierern überlassen! Eigentlich gehört es noch gar nicht in dieses Buch!

Auf das **Geld** muß ich dann doch endlich kommen! Ordentliche Plattenspieler erhält man schon in mittleren Preisklassen. Was nicht hifi ist nach DIN, kann dennoch befriedigend klingen. Wenn Sie den Plattenspieler als Baustein einer Anlage kaufen, sollten Sie etwas tiefer in die Tasche greifen, denn eines Tages werden Sie auch einen besseren Verstärker erstehen, wohlklingendere Boxen. Also: Plattenspieler mit elektro-magnetischem System.

Ganz unwichtig ist die Automatik oder gar der **Plattenwechsler.**

Wer 10 Platten übereinandertürmt, braucht keine Platten, überhaupt kein HiFi, sondern kommt mit Cassetten aus; es geht offensichtlich um Party-Musik, wo angestoßen, geplaudert, gelacht und geknutscht wird. – Platten, die auf langem Stehbolzen des Plattenwechslers heruntertorkeln und aufeinanderprallen, verlieren schnell ihren guten Ton. Brauchen ihn auch nicht.

Die **Automatik** besteht nicht nur im automatischen Abschalten bei Ende der Platte, sondern auch – per Knopfdruck – im Abheben des Tonarms vom Ruhelager, Hinüberschwenken bis über die erste Plattenrille und Absenken. – Meist funktioniert das. Aber die ganz teuren Plattenspieler verzichten darauf und haben dafür ihren guten Grund. Weil Platten verletzt werden, wenn es nur einmal nicht ganz funktioniert. Und weil darin eben immer ein Quentchen Unzuverlässigkeit liegt. Und weil der HiFi-Fan den Tonarm in ureigener Andacht lieber selber bewegt und auf die erste Rille zielt. Oder den Tonarm inmitten der Platte auf eine angepeilte Rille – per ›Lift‹ – niedersenken läßt, um nicht den Anfang der Platte zu hören, sondern sich etwas herauszupicken. (Wovor ich allerdings warne, auch mit ›Lift‹!)

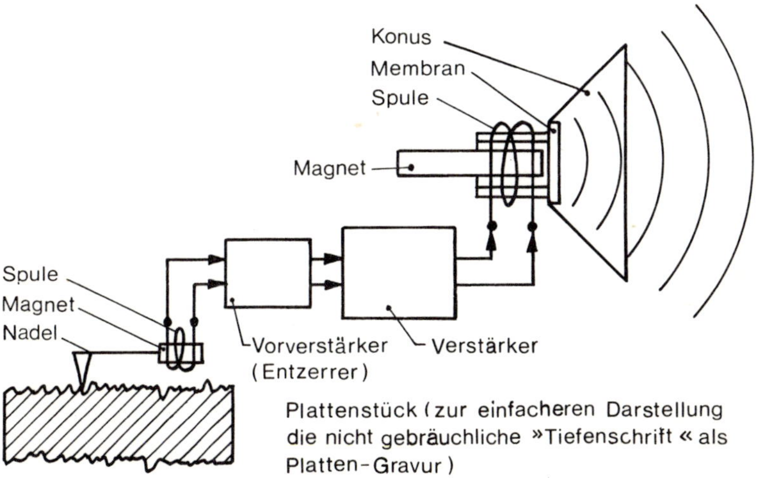

Schematische Darstellung: von der Platten-Rille zum Lautsprecher (elektromagnetisches System). Der Vorgang kann auch umgekehrt gedacht werden: statt Lautsprecher ein Mikrofon, das die Schall-Impulse in elektrische Stromstöße umwandelt, welche wiederum die Nadel bewegen. Die Nadel graviert dann die Platte: Aufnahme-Vorgang! *A. Spoerl*

Und da ich wieder beim ›Lift‹ angelangt bin: ich halte ihn für die wichtigste mechanische Erfindung der modernen Plattenspieler. Weil: zum Beispiel das Telefon klingelt. Mit unruhiger Hand den Tonarm liften, kann die Rille beschädigen, Knackser verursachen. Ihn nachher genau da wieder aufsetzen ist noch gefährlier. (Wenn doch, dann mit Gummikördelchen am Tonarmkopf!) – Oder: Plattenspieler brutal absetzen, erzeugt klägliche Geräusche. Ihn hinterher wieder anschalten, bringt musikalischen Katzenjammer.

Achten Sie auf den Lift und nicht auf sonstige Automatik!

Schon seit Omas Grammophon stellen sich die Apparate ab, wenn die Nadel am Ende – nahe der Mitte – der Platte angelangt ist. Diese so ganz einfache Sache ist bis zum heutigen Tage selten perfekt gelöst!

Die mechanische **Abschaltung** ist unzuverlässig, abhängig von den Endkringeln auf der Platte. Auch der zarteste mechanische Fühler braucht einen winzigen Kraftaufwand – und der muß sich an der Plattenrille abstützen. Der Platte schadet das nicht, denn in dieser Endrille macht sie doch keine Musik mehr, aber der Nadel (Diamant) bekommt es auf die Dauer nicht.

Elektrische Fühler funktionieren nicht, weil die Elektrik nicht wissen kann, bis wie weit die Endrillen – der so ganz unterschiedlichen – Plattenfabrikate führen.

Bleibt das foto-elektrische System, das sich quasi die Platte anschaut und ›erkennt‹, ob da noch dichte Musik-Rillen unter dem Abtastkopf laufen oder nur Rangier-Rillen zum Ausschalten. Das ist nach meinen Versuchen recht zuverlässig.

Soll die Abschalt-Vorrichtung den Tonarm zurück in die Ruhe-Auflage schwenken? Das kann im Plattenspieler zu Mißverständnissen führen; also lieber nicht. – Soll die Vorrichtung den Tonarm von der Platte liften? Ganz feine Plattenspieler verzichten auch darauf, aber ich finde es dennoch beruhigend, wenn sie es tun. Es will mir nicht behagen, daß die Nadel eine ganze Nacht hindurch auf Druck steht. Und das schreibe ich, weil ich beim Zubettgehen manchmal den angeschalteten Plattenspieler vergesse. Manchmal ist man auch blau!

14. Tonbandgerät

Das Tonband ist zu ganz anderem geboren als die Platte: es ist nicht nur reine Wiedergabe, sondern zur beliebigen Aufnahme gedacht. Mehr noch: zum Ablöschen des Tonträgers (hier: Band!) und Neuaufnahmen!

Bevor Sie ein solches Gerät kaufen, müssen Sie wissen, wozu Sie es wollen:

a) zur Reportage,

b) zum Klauen von Rundfunksendungen oder Überspielen (›Überschneiden‹) von Platten,

c) zum Aufnehmen von Originalmusik oder im Keller inszenierten Hörspielen über Mikrofone als Heimtonstudio.

Keinesfalls darf man ein Tonbandgerät mit dem **Diktiergerät** verwechseln, denn an diese Geräte werden ganz andere Forderungen gestellt. Diktiergeräte sollen zwar deutlich aufzeichnen und das auch deutlich wiedergeben, aber sie müssen keinen ›guten Ton‹ haben, schon gar nicht hifi sein. Sie müssen sich praktikabel auf dem Schreibtisch oder im Büro verhalten. Sie müssen genau auf einen Buchstaben stoppen und genau so fix wieder anfahren – eben ohne einen Buchstaben beim Ein- und Ausschalten zu verschlucken –, die Diktatanfänge bzw. -enden müssen schnell auffindbar sein, die Tonträger (Magnetplatte, Band auf Rolle oder in Cassette, Manschette u. a. m.) sollen robust sein, in Kuverts passen zum Versenden. Ein Kontrollzettel soll ›mitlaufen‹. – Also, von diesen Dingern will ich hier gar nicht schreiben (obwohl ich diesen Text auf ein Diktiergerät spreche), und wenn ich Diktiergeräte dennoch erwähne, dann nur, damit Sie wissen, daß man mit einem guten Tonbandgerät nur umständlich Diktate aufnehmen (und abhören) kann und ein Diktiergerät nicht einmal mit Unterhaltungsmusik zurechtkommt.

Reportageräte dienen ganz vorwiegend der Sprachaufnahme. Dann sprechen aber nicht immer geübte Sprecher, sondern es wird oft genuschelt oder das Mikrofon ist nicht günstig plaziert. Konsonanten der Sprache dürfen nicht verlorengehen – das schon verlangt vom Reportagegerät beinahe soviel wie HiFi!

Und leicht soll dieses Gerät auch noch sein, sich vielleicht mit einem Riemen um die Schulter hängen lassen, Buchse für angeschlossenen Kopfhörer haben, gar Hinterband-Kontrolle (›Monitoring‹), damit der Interviewer gleich hört, ob das Ausgesprochene auch wirklich auf Band gekommen ist und wie.

Schon hier geraten sich die technischen Forderungen wieder einmal in die Wolle: sobald ein Reportagegerät ›super‹ ist, wird es schwer, will auf einen Tisch oder auf den Boden gestellt werden.

Fernsehen und Film erlauben sich schwere Geräte (mit schweren Akkus) und brauchen dazu einen Ton-Techniker mit ausgefuchsten Mikrofonen (über Mikros werden Sie noch einiges in diesem Buch lesen). Denn was die aufnehmen, kommt später übers Fernsehen oder über Hörfunk lautgetreu.

Zeitungsleute brauchen das Reportagegerät nur als ›Speicher‹. Sie hören hinterher das Band in der Redaktion ab und schneidern ihren eigenen Text daraus. Der Ton kann miserabel sein, für einen Zeitungsmann ist er so lange gut genug, wie die Sprache noch unmißverständlich ist.

Nicht überall, wo interviewt wird, gibt es eine Steckdose. Gehört also ein eigener Energiespeicher zu einem solchen Gerät! Aber welcher? – Am billigsten wird auf die Dauer der kleine, eingebaute Akku. (Die heutigen Akkus sind gar nicht mehr so empfindlich gegenüber Betriebspausen, völliger Entladung, bedürfen praktisch keiner Pflege mehr.) Aber jeder Akku wird einmal leer, zum Wiederaufladen braucht er seine Zeit. Soll darum ein Reportagegerät notfalls auch mit galvanischen Batterien – zum Beispiel Monozellen – betrieben werden können. (Aber nicht mit Spezial-Batterien, die es in Tuntenhausen nicht zu kaufen gibt!)

Ein Reportagegerät für Film, Funk und Fernsehen muß stereo

sein. Ein Gerät zum reinen ›Festhalten‹ – für den Zeitungsmann – darf mono sein. Dann braucht es auch keine zwei Mikrofone oder ein Stereo-Spezial-Mikro; der ganze Betrieb ist problemloser.

Zur ›Reportage‹ rechne ich auch das Festhalten von Konferenzen oder Gerichtsverhandlungen. Hierzu gehören weder Akku noch Batterie, sondern ein Verlängerungskabel, weil es in jedem Haus doch irgendwo eine Steckdose gibt.

Sprachaufnahmen in geschlossenen Räumen sind dem Hall ausgesetzt. Macht nichts, wenn es nicht auf den guten Ton ankommt, sondern nur auf die Deutlichkeit. Nur den Wiedergabeknopf für den eingebauten Kontroll-Lautsprecher müssen Sie abschalten, sonst entsteht Pfeifen (Rückkoppelungs-Effekt). – Wenn die Gesprächsrunde groß ist, vermag ein einziges Mikrofon all das nicht gleich laut einzufangen. Nun, dann müssen mehrere Mikrofone aufgepflanzt werden. Kleine Tischständer für die Mikros genügen.

Man kann auch Telefonate auf Band speichern. Damit ist viel Mißbrauch getrieben worden. Die **Intimsphäre** wurde manchmal peinlich verletzt. Sagt drum nun das Gesetz, daß es grundsätzlich verboten sei.

Und manche Leute meinen gar, solche Aufzeichnungen hätten vor Gericht keine Beweiskraft.

Das ist eine verteufelt komplexe Angelegenheit. Ich will versuchen, den Komplex aufzuhellen:

Wer dem Gesprächspartner vorher sagt, daß das Gerede auf Band mitgeschnitten wird, darf mitschneiden, wenn der Partner sich damit einverstanden erklärt. Aber auch dieses Einverständnis muß auf dem Band deutlich hörbar sein!

Das auf Band gespeicherte Gespräch hat – auch vor Gericht – Beweiskraft, wenn ausgeschlossen ist, daß Sie daran hinterher manipulieren konnten. Ergo: das Gerät von einer dritten Person bedienen lassen, selbst das Tonband nie anrühren, das Band von der dritten Person – die möglichst mit Ihnen nicht verwandt oder verschwägert ist, noch mit Ihnen intimen Verkehr pflegt und auch sonst von Ihnen nicht abhängig ist – aus dem Gerät nehmen und in ein Kuvert stecken und da versiegeln lassen.

Nun mag das Band noch so unmanipuliert sein, aber ohne Einverständnis des Partners bzw. Gegners betrieben, also klammheimlich, beinahe tückisch, hat es immer noch Beweiskraft! Doch Sie riskieren Bestrafung. – In der Praxis sieht es nicht ganz so schlimm aus: weil es auf das sogenannte ›höhere Rechtsgut‹ ankommt! (Oder: ›Verhältnismäßigkeit‹.) Wenn mit dem Band bewiesen wird, daß jemand einen Mord beging oder gar, daß jemand unschuldig verdonnert wurde, sich mit dem Band seine Unschuld herausstellt, dann ist der Band-Beweis ein ›höheres Rechtsgut‹. Man wird gegen Sie ein Ermittlungsverfahren einleiten, es aber einstellen, weil Sie hier in einer so guten Sache gegen das Gesetz verstoßen haben, daß die Sache höher einzuschätzen ist als die kleine Gesetzwidrigkeit.

Am Ende entsteht die Frage: warum denn fürchten manche Gesprächspartner das mitlaufende Tonband? Wollen die Sie aufs Kreuz legen? Stehen die nicht zu ihren Worten? Da ist dann doch etwas faul! Ich jedenfalls bin geradezu froh, wenn ›mitgeschnitten‹ wird, weil ich weiß, wie lückenhaft oft das eigene Gedächtnis ist. Es empfiehlt sich allenfalls – wenn es sich im Gespräch um ein Abkommen handelt –, vorher sein Einverständnis mit der Einschränkung zu geben, daß alle eventuellen Zusagen der schriftlichen Bestätigung bedürfen. Dann kann man Sie auch nicht aufs Kreuz legen.

Zum Anschluß von Tonbandgeräten ans Telefon gibt es Adapter. Sie werden von dem Hersteller angeboten und geliefert, von der Post angeschlossen. (Auch für simple Diktiergeräte!)

Das eigentliche Tonbandgerät dient musischeren Zwecken: eben der **Musik.**

Manche kaufen sich gleich professionelle Geräte, Größe ›Studio‹. Daran sind so viele Knöpfe und Schieber, die von den Erwerbern niemals betätigt werden. Aber sie sehen gut aus, machen etwas her, wie sie da so am Gerät sind. Sie gehören zur dritten Kategorie der Geräte und sind hier noch nicht dran.

Dran sind diejenigen Geräte, mit denen Sie Musik aus dem

UKW-Radio einfangen möchten oder von Schallplatten auf Band überführen.

Wenn man Musik schon auf einem ›Speicher‹ hat, wie es die Schallplatte ist, scheint es wenig sinnvoll, diese ›Konserve‹ noch auf eine zweite ›Konserve‹ zu **überspielen.** Man hat ja die Platte, verdammt noch mal!

Die Praxis sieht anders aus, wenigstens bei den ganz guten, den geradezu wundervollen Platten. Denn erstens werden die bald alt – je besser, um so früher, weil sie entweder so empfind-

Überspielt auf Studio-TB-Gerät.

Überspielt auf TB-Gerät, das unter ca. 120 Hz nicht mehr aufzeichnet.

Rumpelgeräusche des Plattenspielers können beim Überspielen auf Tonband ›verschwinden‹. Kein gutes Zeichen für das benützte Tonbandgerät: es zeichnet nämlich keine Bässe auf! *A. Spoerl* lich sind oder so oft von Ihnen abgespielt werden –, und zweitens gibt es die später nicht mehr nachzukaufen; die gewitzten Plattenfirmen bringen Neuaufnahmen heraus. Nicht immer mit den besseren Interpreten, sondern mit deren Nachfolgern. Die mögen dann vielleicht perfekter sein, aber es fehlt ihnen der ›Webfehler‹, das Ursprüngliche. »Porgy and Bess« bleiben mir ein warnendes Beispiel!

Eine angebetete Schallplatte soll man nur ein einziges Mal abspielen und dies auch nur zum Überschneiden auf Tonband! Danach gehört die Platte fast in den Tresor. Sollte dem Band einmal etwas Unglückliches zustoßen – und auch darauf werde ich noch kommen –, ja, dann können Sie die Schallplatte nochmals abspielen, sie nochmals auf ein neues Band überspielen.

Viel, viel häufiger dient das Tonband dem **Äther-Klau.** Einstmals war das verboten, wegen der ›GEMA‹, wegen der Rechte der Musiker und des Hörfunks. Ein einziges Tonbandfabrikat gab Ihnen damals die Erlaubnis dazu, denn im Kaufpreis war die GEMA-Gebühr eingeschlossen. Aber heute ist es allen Geräten erlaubt, also auch deren Herren.

Wie müssen diese Tonbandgeräte beschaffen sein?

Davor richtet sich die Frage auf: wie denn muß das UKW-Radio beschaffen sein, die Antenne, der Verstärker? – Alles sollte vom Besten sein. Nicht Wurf-Antenne, sondern doch Dach-Antenne, wenn der Sender (oder Übertrager) nicht direkt in Ihr Zimmer strahlt. Der Empfänger (Radio, Receiver, Tuner, wie Sie das Ding auch immer nennen) soll hifi sein und das Tonbandgerät ihm ›angepaßt‹. Wenn Tuner und Verstärker getrennt sind, muß auch der Verstärker (Amplifier) ebenso hifi sein und auch wieder dem Tuner angepaßt. Aber über all das habe ich schon breit geschrieben. Und die Meß-Daten bekommen Sie erst hinten im Buch, weil es Sie hier – so früh – irritieren würde.

Und nun erst geht es um das Tonbandgerät!

Bis zur Mittelklasse sind sie etwas einfach und selten hifi. Ab Mittelklasse sollten sie hifi sein, sind es aber nicht immer. Garantiert sind sie hifi, wenn es darauf vermerkt ist oder in ihrem Katalog, in der Gebrauchsanleitung.

Die Tonbandgeräte über Mittelklasse steigen zwar im Preis, haben immer mehr Bedienungsknöpfe und ›Möglichkeiten‹, aber keineswegs noch feinere Tonköpfe. Es wäre einfach zu teuer für die Hersteller, für jedes Gerät in den unterschiedlichsten Preislagen so viele verschiedene Tonköpfe und Laufwerke zu bauen (oder einzukaufen; diese Teile werden meist von Spezialfirmen bezogen).

Ein Tonbandgerät der **gehobenen Mittelklasse** mit HiFi-Deklaration braucht zum Bedienen – neben dem Knopf ›ein‹ und ›aus‹ – lediglich: Knopf oder Schieber für Aufnahme-Pegel, ein

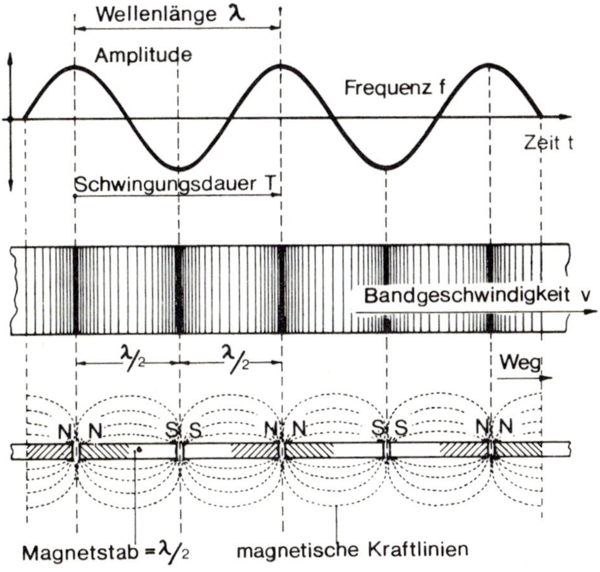

Sinusschwingung und Magnetspur. »Reiner Ton« (z. B. von Stimmgabel oder Orgel) kann als Kurve aufgezeichnet werden. – Kurven-Berg (Impuls) erzeugt im Tonband Ausrichten aller »Magnetchen«, z. B. auf N (Nord), Kurven-Tal (Gegen-Impuls), auf S (Süd). – Diese magnetisierten Stellen des Bandes werden, verstärkt, auf die Membranen der Boxen übertragen, damit auf alle Luft im Zimmer, also als Luftstöße (Schall) auf Ihr Ohr – Musik! *DHFI*

Anzeige-Instrument bei Aufnahme (VU-Meter), eine Schnell-Stop-Taste, ein Zählwerk, unterschiedliche Anschlüsse für Phono und Radio (falls Sie einen Plattenspieler direkt anschließen möchten, ohne zwischengeschalteten Verstärker), schnellen Vor- und Rücklauf, Umschaltung von Mono auf Stereo, einen ›Kilometerzähler‹ mit Drucktasten-Nullung (eine Memory-Taste ist von Gottes Gnaden, aber nicht unbedingt nötig!), vielleicht Umschaltung der Bandgeschwindigkeiten (19 cm/sec, 9,5 cm/sec; was sich noch weiter umschalten läßt, halte ich für unnütz, denn bei 4,74 cm/sec kommt HiFi schon zu kurz, und 38 cm/sec ist nur für Profis). Und auch dabei müssen Sie wissen, daß der elektronische Aufbau für jede Bandgeschwindigkeit eigentlich anders ausgelegt sein müßte und darum einen Kompromiß zwischen den umschaltbaren Bandgeschwindigkeiten versucht; weshalb das Maximum für eine Bandgeschwindigkeit nicht gefunden wird!

Das Wichtigste scheint mir die **Kompatibilität** zu sein: daß ein neues Gerät die mit altem Gerät bespielten Bänder so wieder-

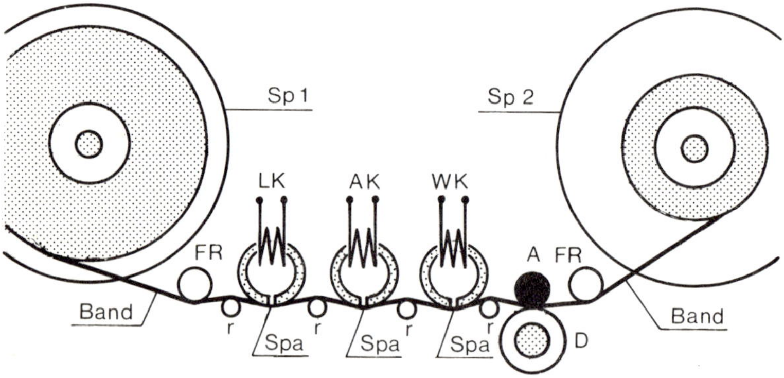

Tonaufzeichnung auf Band (magnetisch), – Schema. Sp 1 = abwickelnde Rolle; Sp 2 = aufwickelnde Rolle; FR = Führungsrollen; r = Eindrück-Röllchen zum umschmiegenderen Lauf des Bandes an den Köpfen (gehen bei Schalten auf ›Wiedergabe‹ oder ›Aufnahme‹ erst in Position); LK = Löschkopf; AK = Aufnahmekopf; WK = Wiedergabekopf; A = Antriebsachse (Capstan)) D = Andruckrolle (Gummi); Spa = Spalt des Kopfes. *A. Spoerl*

gibt, als habe es sie selber bespielt. Das ist nicht nur eine Sache der Norm, sondern eine Frage der Präzision!

Ein alter Tonband-Fan mit vielleicht schon ergrauten Schläfen kauft sich ein neues Gerät, hat im Schrank aber noch alte Mono-Aufnahmen auf Halb-Spur.

Das moderne 4-Spur-Gerät läßt sich auf Mono umschalten, tastet mit seinem Tonkopf aber nur die Hälfte der alten Halb-Spur ab. Die andere Hälfte der Halb-Spur ist dann für die Katz! Großartig drum die neuen Geräte, die sich von 4-Spur auf 2-Spur umschalten lassen und sei es nur für Wiedergabe. Ihre alten Bänder kommen dann mit voller Dynamik und ohne drop-outs (das sind mikro-kurze Löcher im Ton bei der Wiedergabe) in Ihre Boxen.

Was sind überhaupt **2-Spur und 4-Spur**, Halb-Spur, Viertel-Spur?

Die Professionellen beim Hörfunk fahren Voll-Spur: speicherten elektro-magnetisch die ganze Breite des Tonbandes voll der Musik, so lange noch mono. – Die Amateure – also wir – gingen mit dem Tonband sparsamer um, bemagnetisierten das Band nur in halber Breite (Spur). So konnten wir es nach dem Durchlauf umwenden und die zweite halbe Spur zusätzlich verwenden. Das wurde dann das 2-Spur-Verfahren (Halb-Spur).

Als Stereo antrat, magnetisierten die Professionellen (beim Hörfunk) die eine halbe Spur mit dem linken Kanal, die andere halbe Spur mit dem rechten Kanal (2-Spur-Stereo).

Uns Amateuren wurden daraufhin Tonbandgeräte fabriziert, die zur Sparsamkeit Viertel-Spur mit dem linken Kanal, Viertel-Spur mit dem rechten Kanal magnetisierten. Danach blieben noch 2 Viertel-Spuren offen, wir konnten – und können heute noch! – das Tonband wieder umwenden und es ›rückwärts‹ nochmals mit 2 Viertel-Spuren stereo bespielen. Und abhören.

Wenn wir mono fahren, können wir auf einer Tonbandrolle sogar vierfach fahren. Es steht in Ihrer Gebrauchsanweisung.

In jedem Fall haben wir dann pro Kanal nur ein Viertel der Tonbandbreite zum Aufzeichnen. Das ist verflixt schmal!

Warum ist das ›verflixt‹? – Weil die magnetisierbare Schicht auf dem Band quasi aus Körnchen besteht. Und manchmal fehlt da ein Körnchen, oder es haben sich Klümpchen gebildet. (Der todernste Fachmann verzeihe diese dreiste Darstellung, aber vielleicht verhilft sie auch ihm zu geradlinigem Denken!) – Wo ›ein Körnchen fehlt‹, kommt es zu den vorgenannten drop-outs. Statt ›Körnchen‹ können es auch Staub-Partikel sein. Den Fabrikanten der Tonbänder wäre es – wenn ich deren Repräsentanten glauben darf – viel lieber, wir führen weiter halbspurig.

Das geht auch stereo!

Darum habe ich eine Zuneigung zu Tonbandgeräten, die sich umschalten lassen von 2-Spur auf 4-Spur und umgekehrt. (›Stereo‹ auf ›Mono‹ ist meist nur 4-Spur!)

Damit kommen unsere alten Mono-Bänder (2-Spur) zu vollem Klang, damit können wir auch professionell Stereo-Aufnahmen machen.

Manche Geräte (zum Beispiel manche Japaner) haben dafür einen Drehknopf, andere (»Old Germany«) brauchen dazu eine auswechselbare ›Tonleiste‹.

Amerika und Japan haben ihre Entzerr-Normen und wir Europäer eine andere. Es gibt Geräte, die sich demgemäß umschalten lassen. Aber die sind für Profis gedacht, die in der fernwestlichen wie in der fernöstlichen Welt Musikaufnahmen mit dem Gerät machen. Ich glaube, daß Sie nicht dazu gehören. Darum weiter keine Kommentare; es würde ins uferlose führen.

Teure Geräte haben nicht nur einen **Antriebsmotor**, sondern deren drei.

Der Vorteil ist unbestreitbar. Denn wie beim Plattenspieler geht auch hier der Elektromotor stoßweise. Diese Zupfer übertragen sich auf den Antrieb, der Gleichlauf wird gestört. Ein zwischengeschaltetes Schwungrad (beim Plattenspieler der gewichtige Plattenteller!) kann nicht alles schlucken.

Drei Motoren können auch anders eingesetzt werden: ein Motor zum langsamen Banddurchlauf (Aufnahme, Wiedergabe), ein Motor zum schnellen Rückspulen, ein Motor zum schnellen Vorspulen. Jeder dieser drei Motoren kann für seine spezielle Aufgabe ausgelegt werden, arbeitet damit perfekter.

Tonband-Straße in einem Gerät (von links nach rechts): F = Umlenkrolle für Band; LK = Löschkopf; WK = Wiedergabekopf, integriert mit Aufnahmekopf (Combi); IK = Induktionskopf, in Bandkontakt bei Aufnahme; C = Capstan (Antriebswelle für Band); AR = Andrückrolle für Band gegen Capstan; F = Fühlhebelchen für Band-Ende bzw. gerissenes Band; SK = Schaltknopf für Tonköpfe: Stereo 4-Spur, Mono 1–3, Mono 2–4, Stereo 2-Spur. *A. Spoerl/Akay*

Drei Antriebsmotoren wiegen nicht viel mehr, brauchen aber Platz, machen das Gerät größer und kosten auch einiges mehr – und die Mehrkosten lohnen sich!

Das Band wird am Tonkopf ›vorbeigerieben‹. Läuft es da zu locker, zu wenig gespannt vorbei, gibt es keine hohen Töne ab.

Wird es zu stramm entlanggerieben, kostet das Antriebskraft; zudem treten bei der Wiedergabe Störgeräusche auf (zum Beispiel Zischen). Zu Anfang der Aufnahme (wie der Wiedergabe) zieht die Aufwickelspule kräftig, die Abwickelspule setzt wenig Widerstand entgegen. Am Ende des Bandes ist es umgekehrt. Es verlangt Kompromisse. – Kompromißlos bleibt: ein Fühlsystem. Das sind zwei Fühlhebel, auf die das anlaufende wie das ablaufende Band drückt, und die Hebelchen steuern feine Bremsen an den Wickelachsen.

Jedes Tonbandgerät ist für einen bestimmten **Spulendurchmesser** ausgelegt. Für größer oder kleiner stimmt das HiFi nicht mehr hundertprozentig. – Manche Geräte haben darum einen Umschalter für die verwendete Spulengröße. Aber der stimmt auch dann nur, wenn Abwickelspule und Aufwickelspule den gleichen Durchmesser haben. – Hier wird entsetzlich gesündigt! (Weil dieser Hinweis in den meisten Gebrauchsanweisungen fehlt!)

Für welche Spulengröße denn soll das Tonbandgerät gebaut sein?

Kruzitürken: da spielen nämlich wieder zwei Größen hinein:
a) Bandgeschwindigkeit und
b) Aufnahme- bzw. Wiedergabedauer.

Die Tonqualität hängt wesentlich von der **Bandgeschwindigkeit** ab! Die magnetische ›Gravur‹ auf dem Tonband ist für den Tonkopf um so ›bequemer‹ zu lesen, je gespreizter sie ist, je schneller das Tonband am Tonkopf vorbeifährt. Eine Bandgeschwindigkeit von 19 cm/sec ist tonlich fast doppelt so gut wie eine von 9,5 cm/sec. Und was noch langsamer fährt, bedeutet ernste Gefahr für HiFi. (Wie es dennoch die Cassetten fertigbringen, an späterer Stelle!)

Mit größerer Bandgeschwindigkeit machen sich kleine Fehler auch nicht so bemerkbar. 19 cm/sec bleibt bei all dem immer noch Amateur-Geschwindigkeit. Um einen Fixpunkt in unsere Betrachtungen zu bringen, beziehe ich alles Weitere nun auf 19 cm/sec. (Sie werden auch kein gehobenes HiFi-Gerät finden, das sich nicht auf 19 cm/sec stellen läßt!)

Spürbar hängt der Ton auch von der **Kategorie des Bandes** ab. (Vom Fabrikat möchte ich hier nicht reden, das wird einfach zu kitzelig.) – Es gibt: Langspiel-Bänder und Doppelspiel-Bänder. (Sogar Dreifachspiel-Bänder.)

Das Optimum ist das Langspiel-Band (45 Minuten) auf 18-cm-Spule. Es hat fast die Dynamik des alten, dickeren Standard-

	18-cm-Spule 19 cm/sec	18-cm-Spule 9,5 cm/sec	15-cm-Spule 19 cm/sec	15-cm-Spule 9,5 cm/sec
Langspiel-Band	45 min	90 min	22 min	45 min
Doppelspiel-Band	60 min	120 min	30 min	60 min
Dreifachspiel-Band	90 min	180 min	45 min	90 min

Bandes. Von den Kennern und auch von der Industrie wird es uns ans Herz gelegt.

Das Doppelspiel-Band läuft eine volle Stunde! Aber manche meinen zu hören, das Band sei empfindlicher – und nur ganz selten braucht man es.

Mit Bandgeschwindigkeit 9,5 spielt jedes Band doppelt so lange, bzw. Sie kommen mit kleineren Spulen aus. Mit weniger Geld.

Ist 9,5 – nach meinen anfänglichen Vorbehalten – wirklich noch hifi?

Das hängt vom Gerät ab! Ein Gerät, das sich nur auf 9,5 spezialisiert – sich gar nicht auf 19 umschalten läßt –, macht wirklich HiFi daraus – aber die Empfindlichkeit gegen kleine Störungen bleibt.

Ob man mit kürzeren Bändern auskommt, wenn das Tonbandgerät sich auf Rückwärtsgang umschalten läßt? Manche Geräte tun das sogar automatisch am Band-Ende. Aber diese Umschaltung läßt ein Loch in der Aufnahme – die automatische immer, die von Hand dann, wenn Sie im Spielen zurückschalten, nicht eine Pause zum Umschalten benutzen. Rückwärtsgang ist bequem – Sie müssen bei Spurwechsel nicht die Spulen umwechseln –, aber es ist kein Ersatz für zu kurze Bänder!

Fazit: und nach all dem nun die Antwort auf die Frage der Spulengröße: 18 cm Durchmesser.

Band-Kategorie: Langspiel-Band.

Geschwindigkeit: 19 cm/sec.

Spulen mit 13 cm Durchmesser sind nur für Reportagegeräte geeignet. Noch kleinere Spulen für Diktiergeräte (zum Beispiel sogenannte ›Briefbänder‹).

Wenn **Studiogeräte** (Semi-›Professional‹) nicht in Mengen auch von Leuten gekauft würden, die sie gar nicht brauchen, gäbe es sie nicht. Denn wer macht Heimstudio und wann?

Wer nimmt im Wohnzimmer oder im Keller Hörspiele auf? Wer eine Musik-Band? Oder klassische Hausmusik?

Die Hausmusik ist gar nicht zum Aufnehmen da, sondern zum reinen Selbstvergnügen; ihr haftet das Improvisierte an, die Freude an der Musik. Die gleiche Sonate zum Beispiel kann man auf Platten – oder aus dem Rundfunk! – mit besseren Musikanten beziehen. Und für die raffinierte Aufnahmetechnik einer Band genügt auch das eigene Studiogerät nicht! Es gehören dazu ein Mischpult wirklich gewaltigen Ausmaßes, ein Rudel von Mikrofonen und die Akustik eines Aufnahmestudios.

Um von Ihnen nicht mißverstanden zu werden: es ist nichts dagegen zu sagen, seine zu Hause fabrizierte Musik auch auf Band mitzuschneiden; das ist dann ein akustisches Erinnerungsfoto und hat bestimmt seinen Wert. Nicht den technischen oder künstlerischen, doch den persönlichen. – Doch genügt dazu ein nur wenig über Durchschnitt liegendes Tonbandgerät mit 2 Mikrofonen (stereo). Allenfalls getrennte Eingangs-Regelung für die beiden Mikrofone und getrennte VU-Meter für beide Kanäle.

Doppelten Mikrofon-Anschluß und zwei VU-Meter haben Studio-Geräte natürlich immer. Und eine Regelung – symmetrisch – für Aufnahmen von Radio oder Plattenspieler. Aber das zusammen ist noch längst kein ›Mischpult‹, obgleich es sich so nennt. Ein Mischpult hat Anschluß für ein Dutzend von Mikrofonen und steckt nicht im Gerät, sondern steht im Regieraum.

Und es wird gar nicht immer gleich beim Aufnehmen gemischt‹ – einmal lauter die Gitarre, dann das Klavier herausgehoben, dann wieder die Singstimme etc. –, sondern erst hinterher, von mehreren gleichzeitig gelaufenen Bändern. Denn man kann nicht die arme Band – und schon gar nicht ein philharmonisches Orchester – so oft wiederholen lassen, bis man zufällig richtig ›gemischt‹ hat.

Und genauso ergeht es Ihnen, wenn Sie beim Aufnehmen

gleich mischen mit Hilfe von Tonschiebern, zum Beispiel rechter und linker Kanal, das eine und das zweite Mikrofon.

Zur Aufnahme der Wohnzimmer-Musik genügt einfache Aufnahme mit zwei Mikrofonen. Und danach erst wird das Band auf ein zweites Gerät mit getrennt regelbaren Eingängen (›Schiebern‹) überspielt und mal mehr links und mal mehr rechts zugemischt.

Allerdings: sich an komplizierte Sachen wagen, bereitet Faszination. Es gehört dazu Optimismus. Das erste Carnegie-Hall-Concert mit Benny Goodman wurde meines Wissens von einem Amateur aufgenommen, und es wurde eine Wende im modernen Musikverständnis.

Was sonst haben solche Heimstudiogeräte?

Sehr lobenswert: die **Hinterband-Kontrolle.** Sie wurde schon erwähnt. Ihnen gibt sie die Möglichkeit, während der Aufnahme schon etwas zurechtzuregeln oder abzubrechen, wenn ein Wurm in der Aufnahme steckt. – Dazu gehören ein Verstärker mit Eingang für ›Monitoring‹ und ein Kopfhörer, stereo natürlich.

Sehr praktisch: ›Reset‹ und **Memory-Taste,** damit man bestimmte Stellen auf dem Band beim schnellen Umspulen und ohne langes Suchen gleich findet.

Unwichtig für ein Studiogerät: die eingebaute Uhr mit Ein- und Ausschaltung. Diese **Radio-Uhr** sollte auch in preiswerteren Tonbandgeräten sein, damit ein bestimmtes Programm von Radio auch dann aufgenommen wird, wenn man selbst nicht zu Hause ist. In den Fernseh- und Rundfunk-Zeitschriften nämlich ist der Hörfunk nur noch unterdrückte Pflicht. Da lesen Sie: »17 Uhr 30 Symphonie-Konzert«. – Aber selten eine Angabe: was, von wem und mit wem. – Bedrohliches Zeichen der Kulturlosigkeit. Uns bleibt dann nichts, als die ›Radio-Uhr‹ einzustellen auf 17 Uhr 30, hoffen und hinterher abhören, ob es Händel war oder Hindemith. Stehenlassen und etikettieren oder rückspulen zum nächsten Versuch morgen.

Wirklich wichtig für ›Professional‹: **Cuing!** – Beim Umspulen bleibt das Band am Tonkopf, Sie hören es zwitschern, aber zwischendurch auch die Pausen heraus. Sie können mit Cuing-

Tonbandgerät der Studio-Klasse, Mischpult, Monitoring, Echo, Multiplay, Memory-Taste, Schalt-Uhr. *Philips*

Tasten haarfein eine gewisse Stelle herausfinden, ab dort löschen oder überspielen, gar Silben ausbessern (ganz aufgebuffte Amateure haben das heraus!).

Wenn Sie wollen: **Echo-Effekt.** Ist nur ein Effekt! Anfänger sind ganz wild darauf; später werden sie es leid. Am Ende setzen sie es nur noch da ein, wo es sinnvoll, effektvoll ist. Diese Schaltung wird um so wirkungsvoller, je niedriger die Bandgeschwindigkeit. Da Echo – so glaube ich – aber nicht bei ›ernster‹ Musik geschaltet wird, kann getrost mit Bandgeschwindigkeit 9,5 cm/sec gefahren werden. Und dann wird das Echo schon sehr deutlich.

Für diejenigen, die wirkliche Fans sind und Aufnahmen im eigenen Heim (oder Beatkeller) machen, ist das ›Multiplay‹.

Das gibt es einfach als **Tricktaste.** Diese Taste setzt bei der nächsten ›Aufnahme‹ den Löschkopf matt (oder halbmatt): also gerät die nächste Aufnahme der vorigen Aufnahme aufgepfropft. Damit können Sie zum Beispiel in laufende Musik hineinsprechen, aber auch zwei Musikaufnahmen mischen. Nur – wenn die nächste Aufnahme – das Draufsetzen – danebengeht, müssen Sie wieder ganz von vorn anfangen! Will heißen: auch die erste Aufnahme neu machen.

Playback ist schon mehr profi: Die erste Aufnahme gerät nur auf eine der beiden Spuren des Tonbandes, die zweite Aufnahme auf die zweite Spur (egal, ob nun Viertel-Spur oder Halb-Spur, jedenfalls Gerät auf Stereo und Playback geschaltet). – Bei Wiedergabe kommt von der einen Spur (dem einen Kanal, der einen Box) die erste Aufnahme, von der zweiten Spur die andere, und beide mischen sich im Raum.

Multiplay ist ganz profi! Erste Aufnahme auf Spur 1. – Zweite Aufnahme auf Spur 2. (Soweit noch wie bei Playback.) – Während der dritten Aufnahme wird die zweite Aufnahme von der zweiten Spur automatisch auf die erste Spur überspielt, die dritte Aufnahme gelangt auf Spur 2. – Bei der vierten Aufnahme rutscht die dritte Aufnahme von Spur 2 auch auf Spur 1, wird den beiden vorigen Aufnahmen zugemischt, die vierte Aufnahme steht nun allein auf Spur 2. Und so weiter, und so weiter, solange man mischen kann. Aber nicht, solange man will, denn am Ende wird das Kompott!

Wie bitte, das alles wollen Sie gar nicht? Sie meinen nur, ein so schweres und teures Gerät habe den besseren Ton? –

Der Ton hat nichts mit dem Gerät zu tun, aber ein so teures Gerät hat einen garantiert guten Ton, weil es sich einen schlechten nicht leisten darf. Ein Nicht-Studiogerät der gehobenen Mittelklasse kann aber ebensoguten Ton haben, nur eben nicht all die Schaltknöpfe.

Der gefährlichste Knopf ist der plötzliche **Stop,** besonders beim schnellen Umspulen. Baff, soll das Band stillstehen. Je brutaler gestoppt wird, um so begeisterter sind Sie, aber um so weher tut es dem Band. Es zerren daran Kräfte von vielen Kilopond. Dann dehnt sich das Band, die Aufzeichnung wird verzerrt. Musik wimmert. (›Flutter‹, gar ›Wow‹.) – Ein Tonbandgerät soll ganz sanft stoppen!

Am schonendsten mit sich selbst und mit den Bändern gehen Geräte um, deren Funktionen durch Relais gesteuert werden. Der Knopfdruck Ihrer Hand betätigt das zwischengeschaltete Relais (Relais sind heute keine dicken Elektromagneten mit mechanischen Zügen mehr, sondern elektronische Bauteile!). Untereinander sind sie – ohne mechanische Teile – so geschaltet, daß Sie nichts falsch schalten können. –

Tonbandgeräte haben selten einen Verstärker, der für ordentliche Boxen ausreicht; mit »ordentlich« meine ich zumindest 20 Watt. Ihr Lautstärke-Regler bei ›Wiedergabe‹ dient nur dem eingebauten Kontroll-Lautsprecher. Ebenso der Knopf für Ton-Regelung (Baß, Sopran bzw. Bass, Treble).

Für normale Tonbandgeräte genügt auch der im Compact-Gerät eingebaute Verstärker (meist nur bis 30 Watt). Für professionelle Tonbandgeräte muß der gesonderte, »hauptamtliche« Verstärker nachgeschaltet sein!

Von Tonbandgerät zu Tonbandgerät genügt ein Kabel (zum Beispiel zum Überspielen respektive Mischen), ein Verstärker ist nicht nötig. Aber in etwa angepaßt müssen sie wieder sein. Grob gesagt: der Output des gebenden Geräts muß dem Input des aufnehmenden Geräts gleich sein. – Sind die beiden Geräte in Fabrikat und/oder Typ verschieden, dann gibt das schlechtere Gerät den endgültigen Ton an. (Doch auch das ist nicht zwingend: es gibt Geräte, die besser aufnehmen als wiedergeben, und das Umgekehrte kommt ebenso vor. Darum wollen wir uns darüber gar nicht weiter unterhalten.)

Und auch nicht darüber, ob bei Band-Ende mechanisch durch Fühler **abgeschaltet** wird (wonach das Band dann aus der Tonkopfschiene geschlupft ist und neu eingefädelt werden muß) oder durch eingeklebte Metallfolien an den Enden elektrisch (welche Metallfolien manchmal verkrünkeln oder sich ablösen oder im Mechanismus hängen bleiben).

Und auch nicht über den Umgang mit Bändern – weil ich darauf später erst komme.

Aber alle Tonbandgeräte haben eine Macke: zur Reparatur gibt man sie einer Werkstatt, deren Leute – und sie mögen noch so tüchtig sein – Elektronik gelernt haben, aber selten Mechanik! Diese braven Männer messen am Gerät herum und wechseln elektronische Teile aus, ohne helfen zu können. – Wer sein Auto selbst reparieren kann, hat auch das Zeug, ein Tonbandgerät in seine mechanischen Bestandteile zu zerlegen, Verschlissenes auszuwechseln, Krummes wieder gerade zu biegen. Und nur wenige Teile übrigzubehalten. Und wer es nicht kann, sende sein Tonbandgerät an den Hersteller!

Tonbandgeräte sind heute eine sehr komplizierte Sache, und von jeher sind sie modern, darum muß man immer zwei davon haben; eines davon befindet sich in Reparatur.

15. Umgang mit Tonband und Geräten

Über das Tonbandgerät muß man mehr wissen als zum Beispiel über Plattenspieler, denn ihr Witz besteht darin, daß man auch aufnehmen kann! Da lauern denn auch die Probleme!

Um Ihnen meine weisen Ratschläge leichter verständlich zu machen, müssen Sie erst einmal erfahren: was ist ein Tonband, und wie geht das mit ›Aufnahme‹ und ›Wiedergabe‹?

Auf das **Tonband** – ein in Luftschlangenformat geschnittener Streifen aus Kunststoff! – ist Eisen-Oxid-Pulver gepappt. – Das Eisen-Oxid-Pulver verhält sich wie kunterbunt durcheinandergewürfelte winzigste Stabmagnete. Also erst einmal gar nicht, denn die einen Magnetchen liegen so herum und die anderen andersherum; das hält sich ›magnetisch‹ ziemlich die Waage. Das Band befindet sich in fabrikneuem bzw. ›gelöschtem‹ Zustand.

Gerät auf das Band irgendwo ein kurzzeitiger magnetischer Einfluß – zum Beispiel durch einen Impuls am **Tonkopf** (›Aufnahme‹) –, dann kehren sich alle ›Magnetchen‹ an dieser Bandstelle – wie auf das militärische Kommando »rechts um« – in eine Richtung. Alle ihre Südpole (oder Nordpole) zeigen nun in ein und dieselbe Richtung. Die Masse macht's! Aus so vielen winzigen Magnetchen ist an einer Bandstelle nun quasi ein Magnet geworden!

Streift das Band mit dieser Stelle wieder am Tonkopf vorbei (diesmal auf ›Wiedergabe‹ geschaltet), dann wirkt dieser ›Magnet‹ des Bandes auf den Tonkopf ein und induziert dort den gespeicherten Impuls, und zwar so oft, wie man den Vorgang wiederholt.

Nun soll es Ihnen einmal egal sein, wie schnell das Band am Tonkopf vorbeifährt (38 cm/sec, 19 cm/sec, 9,5 cm/sec, 4,75 cm/sec etc.): wenn bei ›Aufnahme‹ pro Sekunde zum Beispiel

1000 Impulse auf das Band magnetisiert werden – infolge eines übertragenen Tones von 1000 Hz –, läuft bei ›Wiedergabe‹ das Band ebenso schnell am Tonkopf vorbei, dann gibt es in der Sekunde 1000 Impulse ab, die – nachträglich verstärkt – aus den Boxen einen Ton von 1000 Hz ertönen lassen.

Der **Tonkopf** ist nichts anderes als eine Spule um einen ringförmigen Eisenkern; seine zueinandergebogenen Enden klaffen nur spaltweit auseinander. Je kleiner der Spalt, um so genauer die Aufzeichnung, aber auch um so schwächer die Impuls-Übertragung!

Je langsamer das Band vorbeifährt, um so dichter liegen die Impulse auf Band, um so verwaschener werden sie bei ›Wiedergabe‹ vom Tonkopf gelesen, um so problematischer ist es dann um den guten Ton bestellt.

Je schmaler die **Spur** auf dem Tonband (Voll-Spur, Halb-Spur, Viertel-Spur, gar Achtel-Spur) auf an sich schon schmaleren Bändern (Musi-Cassetten, auf die ich noch zu sprechen komme), um so mehr machen sich Unregelmäßigkeiten der Eisen-Oxid-Beschichtung, kleine Fehler im Banddurchlauf u. a. m. störend bemerkbar.[1]

Bei Voll-Spur wird das Band in ganzer Breite bespielt und abgespielt. Das machen die wirklich Professionellen.

Zum Extrem stellen wir uns das Band in 4 Spuren vor, jede etwa ein Viertel der Bandbreite; 1, 2, 3 und 4, von oben nach unten betrachtet.

Halb-Spur zeichnet auf Spur 1 und 2, nach dem Umdrehen der Spulen auf 3 und 4.

Viertel-Spur zeichnet ›Mono‹ erst auf Spur 1 auf, nach dem Umdrehen der Spulen auf Spur 3, nach Umschalten des Gerätes auf Spur 2, nach nochmaligem Spulendrehen auf Spur 4.

Viertel-Spur zeichnet bei ›Stereo‹ auf Spur 1 und 3 zugleich auf, nach Spulen-Umdrehen auf die Spuren 2 und 4.

Alte Halb-Spur für Stereo zeichnete zugleich auf Spur 1 und 2, 3 und 4 auf. (Ein Umdrehen der Spulen zum Rücklauf gibt es da nicht.) Und das ist wieder ›profi‹; ein HiFi-Gerät sollte sich so umschalten lassen.

Wie bei der ›mechanischen‹ Schallplatte – Rillen und Nadel! – müssen beim Abspielen dieselben Konditionen walten wie bei der Aufnahme: genormter Tonkopf, genormte Spur, gleiche Bandgeschwindigkeit und gleiche Entzerrung! Sogar gleiche Spulen!

Was überhaupt nicht geht: ein bespieltes Tonband ohne weiteres neu bespielen! Dazu muß es erst gelöscht werden. (Ausnahme sind ›Trick-Effekte‹, zum Beispiel ›Echo‹ oder ›Multiplay‹.) Es soll nach dem Ablöschen so gut sein wie ein neues!

Hier muß ich Ihr Wissen um zwei weitere ›Köpfe‹ anreichern:
a) Da ist der **Löschkopf.** Er löscht aber gar nicht, sondern ›bespielt‹ das Band mit einem so hohen Ton (›Frequenz‹), daß der mit keiner Verstärkung vom menschlichen Ohr gehört werden kann.[2] Diese ultraschnellen Impulse werden vom Tonbandgerät dem Löschkopf zugespielt.
b) Bei einfachen Geräten gibt es nur einen **Tonkopf**, umschaltbar auf ›Aufnahme‹ und ›Wiedergabe‹. – Sehr bedachte Geräte haben getrennte Köpfe, Aufnahmekopf und Wiedergabekopf – Freunde: das ist kein Aberglaube der Konstrukteure, sondern Anständigkeit. – Und Geräte gar mit ›Rückwärtsgang‹ (›automatic reverse‹) haben dann 4 Köpfe, je 2 für Band von links nach rechts und von rechts nach links laufend.

Und auch da können – durch entsprechenden Tastendruck Ihrerseits – Wiedergabeköpfe kurzweilig zu Aufnahmeköpfen werden, wenn Sie nämlich ›**Echo**‹ einschalten. Sie sagen ins Mikro »whouyo«, das geht über den Aufnahmekopf auf Band, und dann huschen Ihre Whouyo-Impulse hinüber zum sonstigen Wiedergabekopf, der nun zur Aufnahme umfunktioniert ist und Ihr »Whouyo« nochmals, nur ein wenig später, auf das Band bringt. Dann wird daraus: »whouwhouyo«. Viel Vergnügen!

Soweit die Theorie. Alles andere stand schon im vorigen Kapitel.

Wohl 98 % der Aufnahmen werden von Rundfunk und Schallplatten gemacht (protokollarische Aufzeichnungen, Interviews usw. hier ausgenommen, denn das sind Leute für sich und auch ganz andere Geräte!).

So verbinden Sie also das Tonbandgerät mit dem Radio bzw. dem Verstärker. Wie Sie was verbinden müssen, finden Sie in der Gebrauchsanleitung Ihrer Geräte; Kabel sollten auch beiliegen.

Das Tonbandgerät hat – schon von unterer Mittelklasse aufwärts – zumindest ein **VU-Meter.** Es zeigt meist in dB (Dezibel) an; für Sie von Bedeutung sind aber nicht die Dezibel – Sie müssen auch gar nichts Genaues über die logarithmischen Dezibel wissen, nur gerade, daß sie ›power‹ repräsentieren, Kraft, für Sie ist weisend nur die Null-Linie auf der Skala des VU-Meters. Die Bereiche links und rechts sind meist durch unterschiedliche Farben gekennzeichnet. Und in der Gebrauchsanweisung heißt es kühl: Kein aufgenommener Ton soll über die Null-Linie des VU-Meters (in den ›positiven‹, meist roten Bereich) mit dem Zeiger hineingeraten. Und das soll er auch wirklich nicht, weil sonst die Aufnahme ›übersteuert‹ wird; soviel Dampf kann das Tonband nicht schlucken. Beim Wiederabspielen scheppert es, klirrt es!

Aber wie laut wird denn die Musik werden? Manche Sachen beginnen so leise (piano), daß der Zeiger des VU-Meters kaum zittert.

Nun, nach meiner Erfahrung darf man sich nach dem Ansager richten. Ich habe keine Erklärung dafür, daß die Stimmen der Ansager – so soigniert sie auch ein Kantate verkünden – ungefähr der Maximal-Lautstärke der Musik entsprechen, die hinterher ertönt. – Bei männlicher Ansage nach VU-Meter einpegeln auf – 3 dB (bei weiblicher Ansage auf – 10 dB).

Was in keiner Gebrauchsanleitung Ihres Tonbandgerätes steht: schalten Sie schon vorher ein, drücken Sie die Stop-Taste des Tonbandgerätes, schalten weiter auf ›Aufnahme‹. Hören getrost vorher die Musik des vorigen Programms, die ›Absage‹ eines Sprechers oder einer Sprecherin und pegeln am Tonbandgerät darauf mit Drehknopf oder Flachbahn-Regler (Volume!) aus. Schalten die Ansage durch Lösen der Pausetaste ein, nehmen sie mit auf Band, regeln vielleicht noch etwas hinauf oder herunter. Und machen sich bei der weiteren Aufnahme keine Gedanken!

Kann dann doch einmal ein Paukenschlag kommen, ein sonstiger Bums, mag dann der Zeiger vom VU-Meter weit ins Rote hineinschlagen – so schlimm ist das gar nicht, wenn es nur einmalig und kurz ist. (Besonders nicht bei Standard- oder Langspiel-Bändern, die gut beschichtet sind.)

Ab hier können wir über die ›Würmer‹ reden. Womit ich **Störungen** meine, die Sie in Ihrem Ohr empfinden: Klavier (oder Cembalo) wimmert (›Wow‹). – Verdacht: unsauberer Bandtransport, zum Beispiel durch verschmutzte oder verhärtete Andruckrolle (Gummirad). Mit Alkohol reinigen. Verölte oder verschlissene Reibgetriebe in den Spulenachsen, flatternde Spulenbremsen (soweit vorhanden; äußerlich erkennbar durch Fühlstifte, an denen das Band vorbeiläuft), ausgeschlagene Motorachse. Auswechseln! – Und wie sieht der Tonkopf aus? Ist er abgeschliffen, hat er Höcker? Oder ist er nur schmutzig?

Musik jault (›Flutter‹): Fehlerquellen eventuell wie zuvor, aber auch – wenn nur an einigen Stellen, vorzugsweise an Band-Anfang oder -Ende – gedehntes Band. Dehnung durch zu abruptes Stoppen!

Klirren lauter Stellen. – Übersteuert! VU-Meter haben bei Aufnahme sicherlich ins Rote hineingeschlagen. Sie hätten bei der Aufnahme weniger am Tonbandgerät aufdrehen müssen.

Zischen bei leisen Stellen. – Bei Aufnahme zu zaghaft aufgedreht. Nun hören Sie die ›Magnetchen‹ auf dem Band, weil Sie den Verstärker (als Radio bzw. Compact-Gerät) zur Wiedergabe zu weit aufdrehen müssen.

Musik (und auch Sprache) klingt irgendwie unnatürlich. – Kann sein, daß Sie ein ganz internationales Gerät haben, schalten bei Aufnahme oder Wiedergabe aber nicht entsprechend auf die richtige Entzerrung: CCIR (= DIN) oder NARTB (USA, Japan).

Musik klingt grell. – Zu starker Bandzug, Band zu straff am Tonkopf. Reibantriebe stimmen nicht oder die Bremsen. Das läßt sich justieren. (Bei einfachen Geräten: Bremse durch angedrücktes Filzklötzchen drückt zu kräftig.)

Tonlage bei Anfang anders als bei Ende. – Unterschiedliche Spulen (Abwickel und Aufwickel).

Musik klingt flau, ohne obere Tonlagen. – Bandzug zu schlaff. Verschlissene Reibtriebe bzw. Bremsen der Spulenantriebe, verölte oder verhärtete Bremsklötzchen.

Ganz hohes Zischen (›Hiss‹). – Tonköpfe oder Umleitrollen, Fühlstifte u. a. m. haben sich aufmagnetisiert. – Abhilfe: entmagnetisieren durch käufliches, wohlfeiles Gerät. (Damit kreisende Bewegungen, langsam sich so kreisend entfernend von allen metallischen Berührungsteilen des Bandes, vor allem Tonköpfen!)

Musik klingt dumpf, zuweilen löcherig: Tonköpfe verdreckt. Mit Leinentuch und hochprozentigem Alkohol bearbeiten. – Oder Tonkopf muß neu justiert werden. Grob gehört dazu nur Ihr Schraubenzieher: so lange Einstellschraube rechts-links drehen, bis die höchsten Töne hell erklingen. – Für Bastler!

Bei Neubespielung ist – vor allem in Tonpausen – noch etwas von der alten Bespielung zu hören. – Verdacht: Löschkopf steht nicht auf ›Spur‹. Das läßt sich justieren (mechanisch).

Oszillator für Löschkopf defekt (läßt sich messen!): Andruck an Löschkopf lahm geworden (läßt sich nachstellen oder erneuern!). Tonkopf sitzt nicht in genormter Höhe (läßt sich auch justieren!).

Zwei Musiken kommen gleichzeitig. – Falsche Spur-Schaltung; meist: stereo bei mono-bespielten Bändern.

Quietschen: Plexiglas-Spulen sind windschief geworden. (Neue Spule kaufen.)

Löcher im Ton, dumpfe Stellen. – Tonband verstaubt. Sie können es **reinigen:**

a) mit einem reiniger-getränkten Lappen (Fachgeschäft) in der Hand, das ist aber lästig;

b) durch Aufkleben von Plastik-Bolzen, bewehrt mit auswechselbaren Filzröllchen auf dem Tonbandgerät derart, daß beim Umspulen Vorder- und Hinterseite des Tonbandes durch die – auch wieder mit Spezial-Reiniger – benäßten Filzröllchen laufen und da ihren Schmutz hängen lassen. – Hinterher Tonköpfe und Löschkopf mit Alkohol **säubern!**

Frequenzgang stimmt nicht. – Bei manchen Geräten: nicht

umgeschaltet auf die der eingestellten Bandgeschwindigkeit zugehörige Entzerrung (moderne Geräte machen das automatisch). Oder: Gerät nicht umgestellt auf anderen Spulendurchmesser (diese Umstellung nur bei Geräten für super-große Spulen).

Band ruckelt beim schnellen Umspulen. – Verschmutzte Reibantriebe der Spulen, verschmutzte Bremsen (wo vorhanden), ungleichmäßig aufgewickeltes Band. – Wann wird denn ein Band ungleichmäßig gewickelt? Auch nur dann, wenn die Bremsen oder die Reibantriebe (Friktions-Scheiben) nicht mehr stimmen. Auswechseln ist dann besser als reparieren!

Elektrische Bandabschaltung bei Ende funktioniert nicht. – Kontakte reinigen! Abschaltfolien aus Stanniol verlängern, erneuern!

Abschaltung durch Mechanik (Fühlhebel) bei Ende Band funktioniert nicht. – Fühlhebelchen hängen. Gängig machen. Vielleicht nur durch Zurechtbiegen.

Wiedergabe klirrt immer, so zart bei Aufnahme auch ausgepegelt. – Anpassung stimmt nicht.

Wiedergabe zischt immer, so mutig bei Aufnahme auch ausgepegelt. – Anpassung stimmt nicht.

So habe ich Ihnen hiermit die Pannen angesagt, denen nicht alle Fachhändler sofort auf die Spur kommen.

Was sonst noch passiert, liegt am Band:

Fatale Echowirkung je nach einer Spulen-Umdrehung. – Das Band hat lange ungebraucht gelagert, die Magnetisierung sich auf den nächsten Wickel abkopiert. Ist nicht wiedergutzumachen. Standard- und Langspiel-Bänder tun das weniger als zum Beispiel Dreifachspiel-Bänder.

Die Aufnahmen sind halb gelöscht oder umdrehungsweise löcherig. – Band lagerte unter einem magnetischen Feld, zum Beispiel unter dem Verstärker (oder Radio oder Compact-Gerät, oder es wurde das Telefon darauf gestellt, das dann klingelte).

Die aufgepappte Schicht des Bandes reibt sich ab, meist da, wo es am eckigsten zugeht. Also sind das nicht nur Umleit- und Führungsollen, Fühlhebelchen, sondern vor allem der Schlitz (›Spalt‹)

Zubehör zum Bandreinigen.
K = Konsole, auf Platine des Geräts klebbar;
F_1 = Filzröllchen für Schichtseite des Bandes;
F_2 = Filzröllchen für Hinterseite des Bandes;
(die Filzröllchen werden mit Reinigungs-Flüssigkeit getränkt).
BH = Bremshebelchen: fühlt Bandzug ab und regelt Bremsung, sorgt für gleichbleibende Straffung;
(die Konsole für die Filzröllchen soll so aufgeklebt werden, daß das Band immer noch auf das Bremshebelchen BH einwirkt!).
A. Spoerl/Uher

an den Tonköpfen (Löschkopf, Wiedergabe- wie Aufnahmekopf bzw. Combi). Sogar an der sanften Gummi-Andruckrolle, am geschliffenen Capstan (Antriebswelle). Man sieht das, weil es da braun wird. Es läßt sich mit Alkohol wegrubbeln. (Nicht mit denaturiertem Brennspiritus, denn darin befindet sich Erdöl! Sondern mit Wundalkohol aus der Apotheke.)

Es kann die Musik jammern, wenn die Andruckrolle, durch braunen Tonbandabrieb verhärtet, rutschig wird. Es kann noch schlimmer jammern, wenn die Antriebswelle verkleistert ist. Es entsteht – wie schon vorher angedeutet – dumpfer Ton, wenn der Spalt des Tonkopfes zugeschmiert ist. Es können sich auch Höcker aus Dreck auf dem Tonkopf bilden, und dann wimmert der Ton (›Flutter‹). – Ähnliche Tierlaute kommen auf, wenn der Spalt des Löschkopfes verschmiert ist (nur bei Aufnahme!).

Darum sind manche Bänder mancher Fabrikate ›silikon-beschichtet‹. Sie sollen besser gleiten, weniger braune Ton-Schicht sich wegreiben lassen. Und das stimmt auch – zumindest anfangs, bis die Silikon-Schicht weggerieben ist. Und silikon-beschichtet ist noch keine Garantie für das allerbeste Tonband, den hifisten Ton. Silikon und Ton haben nichts miteinander zu tun.

Der Teufel allein weiß, warum sich manchmal das Tonband um die Antriebswelle wickelt. Sofort entsteht Bandsalat! – Mit sehr viel Geduld können Sie – nach Abschrauben der Verkleidungen – das Band herausfummeln, aber dann ist es geknickt, verunstaltet. Das läuft kaum noch hifi durch. In der Mehrzahl der Fälle hilft da nur noch das supergeschliffene Taschenmesser oder das Skalpell, dann ziehen Sie Tonband-Bröckchen heraus, Schnipsel, auf denen einmal die allerschönste Musik stand. – War das inmitten des Bandes: ausrangieren, nur noch für Sprachaufnahmen (zum Beispiel Reportage) einsetzen. War es am Anfang oder Ende, alles Knittrige wegschneiden, Band kürzen, neue Allongen ankleben und – zum vagen Trost – sich darüber freuen, daß man nun ein frisches Band für neue Aufnahmen parat hat. Denn die alte Aufnahme ist ja vernichtet.

Zum Kleben gibt es ›Cutter-Boxen‹, Behältnisse, darin eine Klebepresse mit allen nötigen Utensilien. Wenn man sie besitzt, braucht man sie kaum, wenn man sie nicht hat, braucht man sie dauernd! Also: anschaffen! – Die meisten schneiden 45° schräg, damit man die Schnittstelle nicht hört. Aber beim selbstaufgenommenen Hörspiel kann man damit nicht auf Silben, auf Buchstaben schneiden. – Der Normalverbraucher will die Cutter-Box allenfalls, um Tonbandsalat auszusondern, neue Allongen anzukleben. (Für Geräte mit elektrischer Bandende-Abschaltung finden sich in diesen Cutter-Boxen auch Streifen aus Silberpapier.)

Ganz alte Bänder werden an den Rändern zu Krepp. Natürlich wollen die dann jaulen. Sie liegen ja nicht mehr bis zum äußersten Rand am Tonkopf an. – Abhilfe: bei 2-Spur-Mono einspurig Viertel-Spur fahren (Tonkopfstellung auf 3 beim Hinlauf, auf 2 beim Rücklauf). Dann werden nur die in der Band-Mitte liegenden Spuren abgefahren. – Bei 2-Spur-Stereo gibt es keine Hilfe, aber da macht es sich auch nicht so bemerkbar. –

Bei 4-Spur-Stereo weiß ich überhaupt keinen Rat. Vom Band Abschied nehmen, es einsetzen für untergeordnete Zwecke (Diktat, Interview, Telefon-Mitschnitt).

Wo immer etwas reibt, werden Elektronen mit weggerieben, geraten an die ›falsche‹ Stelle: es entsteht elektrostatische Aufladung. Auch beim Tonband! Ganz besonders in zentralgeheizten Räumen, weil die Luft so trocken ist. Solch aufgeladene Bänder ziehen Staub an. – Allein die statische Aufladung kann den guten Ton stören, denn sie entlädt sich so gern an den Tonköpfen. Dann knistert oder knallt es. Oder der herangezauberte Staub macht Löcher in den Ton (›drop-outs‹). – Dagegen hilft das simple Reinigen des Bandes, das schon beschrieben wurde. Denn wenn sich elektrostatische Entladungen schon einmal hörbar gemacht haben, kommt das Reinigen zu spät: die winzigen Entladungsblitze haben sich bereits in den Ton gefressen. Also können Sie nur vorbeugen!

Ansonsten sind Bänder recht robust und langlebig, nur fremden Magnetismus mögen sie nicht! Und weil unsere Erde einen Südpol und einen Nordpol hat, der auf alles einwirkt, was magnetisch ist, hält auch kein Band in alle Ewigkeit.

Ewiger hält nur die Platte – sofern sie nicht verstaubt und man sie nicht abspielt!

Das ist der Unterschied.

1 Chrom-Dioxid-Beschichtung, kobalt-aktivierte Schicht im Kapitel über Cassetten-Recorder!

2 Aus diesem Grunde ist die Ton-Frequenz nicht beliebig erhöhbar, man würde sonst den Löschton hören!

16. Cassetten-Recorder

(Musi-Cassetten)

Eigentlich waren die eine Frechheit, die Cassetten. Was eigentlich waren die? Ein ganz schmales Tonband mit Ab- und Aufwickelspülchen in einer Kunststoffschachtel.

Zur Ehre der herausbringenden Firma kann lediglich eingeräumt werden, daß die damit noch keine wirkliche Musik machen wollten, schon gar nicht hifi, sondern eben nur ›Musi‹. Vom Wallberg-Lied über Heino bis Radetzkymarsch. Das haute hin.

Auch über das haben sich die Ton-Ingenieure gestürzt und die schmalen Cassetten-Würmer immer mehr verfeinert. Auch die Geräte!

Bevor ich Ihnen meine Anhörungen und Messungen mit Cassetten darbiete, soll man vorerst fragen: woher kam der Erfolg dieser verdammten ›Cassetten‹?

a) Sie waren bei ihrer Geburt nicht als Ersatz für das Tonband gedacht, also nicht zum eigenen Aufnehmen, sondern nur als käuflich gespeicherte Musi.

b) Eine Platte – ebenso käufliche Musik – muß man:

1. aus dem Album ziehen oder aus dem Schrank holen,
2. die Platte mit Hemdchen aus der Papphülle ziehen,
3. die nackte Platte dann aus dem Hemdchen,
4. die Platte – genau Loch über Achse – auf den Plattenteller legen und dann
5. noch mehr oder weniger mit dem Tonarm manipulieren. –

Hinterher die Platte wieder in ihre diversen Behältnisse verstauen, damit sie niemals verstaubt. – Dagegen ist die Cassette viel einfacher: aus der Plastik-Box, zack hinein ins Gerät, Klappe zu (oder auch nicht einmal), Knopf drücken. – Die Cassette ist umgänglicher.

c) Die Platte ist empfindlich. Gegen Staub, gegen Erschütterungen beim Abspielen (Tonarm wackelt, springt über Rillen etc.) und sie verschleißt auch schnell. Darüber war im Platten-Kapitel bereits geschrieben. – Anders die Cassette: Erschütterungen setzen ihr nicht zu, Staub kommt kaum an ihr Tonbändchen, Verschleiß scheint es nicht zu geben.

Doch will das alles genauer untersucht werden: **Bequemeres** als die Cassette gibt es nicht. Dieser Punkt ist damit erledigt.

Gegen **Staub** ist sie besser geschützt als die Platte, ja auch als das Tonband auf großen Spulen. (Allerdings weiß ich noch kein Verfahren, eine dennoch angestaubte Cassette zu reinigen.)

Die Cassette ist auch unempfindlich gegen **Erschütterungen.** Darum hat der Cassetten-Recorder im Auto den teuren Auto-Plattenspieler verdrängt. – Cassetten dürfen Sie auch auf den Boden fallen lassen, damit auf Ihre Cousine werfen; hinterher funktioniert die Cassette immer noch!

Es gibt keine Fussel an der Nadel, aber – wie beim Tonbandgerät herkömmlicher Art – verschmierte Tonköpfe. Aber dagegen gibt es bei Cassetten-Geräten das **Reinigungs-Band,** auf das die Tonbandgeräte noch nicht gekommen sind. Es macht keine Musik, aber sauber.

Das Cassetten-Tonband **verschleißt** ebenso langsam wie das konventionelle Tonband auf Spulen. Bei weitem also nicht so schnell wie die Platte. Aber jegliches Tonband kann altern! Die magnetische Schicht wird etwas abgerieben, die Dynamik läßt nach. Das Bändchen in der Cassette kann – wie das konventionelle, breite Tonband – durch harte Stopps beim Umspulen gedehnt werden, was man hinterher hört.

Und weil es sich bei Cassetten-Geräten eigentlich um Tonbandgeräte handelt, kann all das stören, was ich im vorigen Kapitel über Tonbänder aufzählte. Allerdings ging es da vorwiegend um Fehler bei ›Aufnahme‹; die meisten Cassetten werden aber nicht zum Aufnehmen benutzt, sondern zum Abspielen. Man kauft sie ›bespielt‹ an Tankstellen, in Radio- und Musikgeschäften.

Bespielte Cassetten gibt es – vorwiegend – nun für Stereo, aber auch für Quadro(-phonie).

Cassetten-Container nimmt 20 Cassetten in Verpackung oder 32 hüllenlose Cassetten auf, die sonst herumfliegen würden. *A. Spoerl*

Was Sie schon längst beißt, ist die Neugier, wie denn die Tonqualität sei?

Schon mit gewöhnlichen **Eisen-Oxid-Bändern** in herkömmlichen Geräten ist ›HiFi‹ annähernd möglich; es kommt dann nur auf den Recorder an! – Ich kenne keinen Cassetten-Recorder, der gute Boxen mit genügend Leistung beliefert, drum sind die Recorder ja auch nur ›Decks‹, was heißt, daß sie an einen Verstärker angeschlossen sein wollen. (Oder an ein Compact-Gerät, in dem ein Verstärker steckt, für 20 und mehr Watt Sinus für die Boxen.)

Je langsamer ein Band am Tonkopf vorbeifährt, um so mehr macht sich Bandrauschen (bzw. Zischen) bemerkbar. Das Bändchen der Cassette fährt nur mit 4,75 cm/sec (anstatt mit 19 cm/sec, wie ich es beim normalen Tonband empfehle). Ob das gutgehen kann?

Die Ton-Ingenieure meinen, das Problem gelöst zu haben.

Sie sagen: beim Cassetten-Gerät – im Gegensatz zum üblichen, vollen Tonbandgerät – wird immer nur *eine* bestimmte Geschwindigkeit gefahren, also kann die Entzerrung (und auch der Tonkopf) voll und ganz nur auf diese Bandgeschwindigkeit abgestellt sein, es ist kein Kompromiß nötig wie bei den umschaltbaren Tonbandgeräten. – Das klingt räsonabel!

Cassetten-Recorder. Batterie-Betrieb, eingebauter Lautsprecher, automatische Pegel-Regulierung bei Aufnahme. Mono. Nicht HiFi. Verstärkung für angeschlossene Boxen lohnt nicht, weil Ton dabei noch schlechter wird. Für Leute, die sich am Badestrand langweilen!
A. Spoerl

Und zu einem Trick haben sie gegriffen: sie sagen nämlich, daß man das **Bandrauschen** nur wahrnimmt, wenn eine Tonpause entsteht. Sobald Musik erklinge, sagen sie, höre man das Rauschen nicht mehr. Klingt auch räsonabel. Haben die Ingenieure also das Bandrauschen dadurch abgestellt, daß die ganze Vorverstärkung sich elektronisch abschaltet, sobald kein Ton mehr erklingt. (Kein ›Signal‹.) Und das ist das **DNL-Verfahren!** – Nur einen winzigen Nachteil hat es: verklingt der Ton mählich, dann kommt eine Schwelle, bei der das Gerät – auf DNL geschaltet – meint, es sei kein Ton mehr da – und es dann ganz abschaltet. So wird das feine Ausklingen der Töne vor dem Ende plötzlich abgebrochen (wird nur von Spinnern wahrgenommen).

Muß ja auch einen Grund haben, daß man DNL mit Taste ein- und abschalten kann! – Ich rate: nicht DNL einschalten.

Anfangs sagte ich Ihnen schon, daß Ton-Ingenieure Fanatiker sind. – Gefiel ihnen das DNL nicht ganz, sannen und spannen sie weiter, und so kam das System von **Dolby!** Auch wieder eine Taste, nämlich für die Cassetten, die ›dolby-bespielt‹ sind, sei es von der Firma, oder sei es von Ihnen.

›Dolby‹ geht so: die hohen Töne werden bei der Aufnahme übermäßig verstärkt (erweiterte Amplituden), liegen damit aufzeichnungsmäßig hoch über den ebenfalls hochtonigen Rausch-

Musi-Cassette geöffnet. Dargestellt, damit Sie keine öffnen; das bloßgelegte Band benimmt sich kapriziös!
A. Spoerl/BASF

und Zischgeräuschen des Bandes. Bei der Wiedergabe würden sie schrill klingen. Darum Anweisung: Hochtonregler (›Treble‹): zurückdrehen. Noch besser: Wiedergabegerät auf ›Dolby‹ schalten, das dämpft die übersteuerten Soprane (obere Ton-Frequenzen) wieder herunter. Damit wird zwangsläufig bei der Wiedergabe auch der hochtonige Rausch- und Zischpegel heruntergeregelt, wird annähernd Null: man hört keine Bandgeräusche mehr!

DNL gibt es für normale Cassetten-Bänder mit Eisen-Oxid-Beschichtung. – Dolby gibt es meines Wissens nur auf Chrom-Dioxid-Bändern. Und bisher wird wahrhaftes HiFi nur versprochen bei Verwendung von Chrom-Dioxid-Bändern in Cassetten!

Was ist da wieder los?

Los ist, daß Chrom-Bänder sich in höheren Frequenzen höher belasten lassen. – Uns scheren hier nicht weitere Erklärungen. Für Sie ist allenfalls wichtig: bei fertig bespielten Cassetten sind Chrom-Bänder besseren Tones, was sich aber nur auszahlt, wenn Sie einen Recorder haben, der sich auf Chrom-Dioxid (CrO_2) umschaltet (fast alle tun das automatisch, denn die Cassetten haben dafür Aussparungen am Gehäuse, das Gerät hat dafür Fühler).

Manche Geräte zeigen die Umschaltung durch farbiges Licht an, aber das ist unnötig. – Nur die Umschaltung (von Hand) auf Dolby sollte leuchtend angezeigt werden, weil es bei der Aufnahme wichtig ist!

Um der erlebten Wahrheit die Ehre zu geben: ich habe manche Cassetten (mit anspruchsvoller Musik!), die auf Eisen-Band ebensogut klingen wie andere auf Chrom. Denn nicht die Schicht macht die Musik, sondern auch die Aufnahme. Zu mancher – von einer Musikfirma hergestellten – Cassette mit Dolby-Zeichen habe ich voreingenommen zwar mehr Vertrauen, aber darauf allein kommt es gar nicht an.

Wenn Ihr Gerät zwei Tasten hat: DNL und auch Dolby – sollen Sie vorsichtigerweise dann beide Tasten drücken? – Nein! Entweder oder, denn beide Tasten zugleich machen die Wiedergabe stumpf.

Die auf Cassetten gekaufte Musik hat ein so langes Band, wie es nötig ist. Danach richtet sich meist auch der Preis.

Aber vielleicht kaufen Sie auch ›leere‹ Cassetten, um selber **aufzunehmen.** Wieviel Minuten sollen in der Cassette stecken?

Das bleibt dasselbe wie beim Tonband. Dennoch wiederhole ich: die meisten Stücke sind knapp 30 Minuten lang, aber mitunter dauern sie auch länger. Und dann sind 45 Minuten besser.

Auf dem Markt sind zur Zeit 3 Längen käuflich: leere Cassetten für 2 x 30 Minuten, für 2 x 45 Minuten und für 2 x 60 Minuten. –

Was sind kobalt-aktivierte Cassetten (Bänder)? – Da will so recht keiner mit der Sprache heraus. Nach dem Beipackzettel haben die Bänder in diesen Cassetten eine größere **Dynamik.** (Spektrum zwischen leise bis laut, also auch besonders laut, ohne daß die Piano-Stellen untergehen.) Wenn das zutrifft – und diese Bänder nicht Chrom-Dioxid sind –, sollten sie für lärmende, poppige Musik ideal sein, auch für manche Beethoven-Passagen, National-Hymnen mit viel Blech und Pauken. –

Cassetten-Recorder gibt es von erstaunlich billig bis HiFi. Die billigen sind nach meinen Tests allenfalls tauglich für Wiedergabe. Aufnahme vom Koffer-Transistor geht in etwa, Aufnahme von der Heimanlage wird peinlich schlecht. – Wiedergabe über den eingebauten, quäkenden Lautsprecher geht, es geht auch noch über den Koffer-Transistor. Über die Heimanlage wird Wiedergabe unanhörbar! – Diese **kleinen Recorder** sind für die Wiese da, für Picknick, wenn einem der Gesprächstoff ausgehen sollte. Mit Musik haben sie wenig gemein. Sie erzeugen Geräusche, von denen viele Leute allerdings ausreichend befriedigt werden.

Sogenannte ›Decks‹ sollen Netzgeräte sein, und ihre abgegebenen Frequenzen sollen Ihren Verstärker so füttern, daß ein wohler Ton aus den Boxen kommt (es muß noch nicht hifi sein!).

Auf der Wiese brauche ich keinen Lärm – bin ja froh, ihm entronnen zu sein. Im Auto sind mir Nachrichten wichtiger als ›Musi‹, ansonsten bin ich nur bemüht, keinen totzufahren, und sei es nur ein Huhn oder eine Ziege im Engadin.

Zu Hause will ich ein gutes Cassetten-Deck haben, mit dem ich auch aufnehmen kann. Dann soll es hifi (oder annähernd so) sein.

Und wie man damit aufnimmt – das stand schon im Kapitel über Tonbandgeräte. Letzten Endes ist es ja dasselbe.

Der Frequenzgang eines **Cassetten-Decks** der HiFi-Klasse geht von 50 bis 12 500 Hz, entspricht also der HiFi-DIN. – Bei zwei Decks maß ich bis 16 500 Hz heraus, wenn auch etwas ungenau. Ein gutes Tonbandgerät bringt bis über 20 000 Hz.

Tonband auf Spulen oder im Cassetten-Gerät?

Das kommt auf Sie an. – Wenn Sie viel Muße haben, bleibt das Tonbandgerät immer noch höchste Tonqualität. – Wenn Sie nur über beschränkte Freizeit verfügen, gehetzt sind, schnell genießen wollen und ohne Probleme, dann sind die Cassetten das richtige. – Überhaupt: die meisten Menschen hören den Unterschied der Tonqualität gar nicht. Da also nur Cassetten!

Bleibt allenfalls: gibt es spezifische **Cassetten-Probleme?** Die gibt es tatsächlich!

a) Cassetten sind – wie Platten – Massenware. Die eine oder andere kann eine Macke haben. Zum Beispiel Hemmungen beim Durchlauf. Tritt die Hemmung gleich auf, müssen Sie zum Händler wandern und reklamieren. Kommt die Macke später, können Sie dasselbe versuchen. Haben Sie damit keinen Erfolg, dann nehmen Sie die Cassette in beide Fäuste und verdrehen sie etwas, bis es leicht knackt. Vielleicht – vielleicht ist dann die Macke weg.

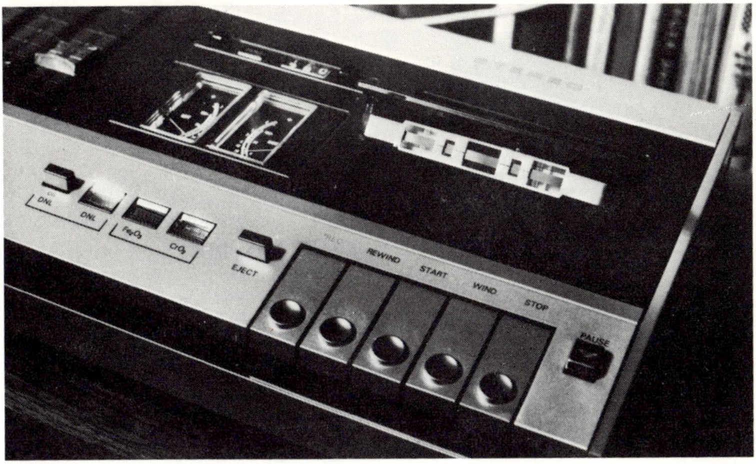

Cassetten-Deck der HiFi-Klasse. Getrennte Regler für beide Mikrofone und für Radio-Aufnahme. Monitoring! Memory-Taste.
A. Spoerl/Philips

b) Gute Musik-Literatur auf Cassetten ist noch rar. Die »Kleine Nachtmusik«, die »Eroika« und sonst Beliebtes gibt es da natürlich längst. Aber Außergewöhnliches läßt noch auf sich warten. Das finde ich nicht so schlimm: man kann ja weiter warten oder das Bachsche »Weihnachtsoratorium« sich auch auf Cassette kaufen, wenn man es im Platten-Album längst hat. Denn die Platten knistern längst und sind lästig – auf Cassetten ist das Oratorium ein vereinfachter Genuß – und ohne Knistern (›Bratkartoffeln‹). – Die Cassetten-Programme wachsen wie eine Hefe-Kultur. Und das ist das Falbelhafte an ihnen!
c) Wider die Cassetten gibt es nur eine einzige Sünde: einen zu billigen Recorder kaufen.

Wie schaltet man zugleich den alten Tonbandspieler und den neuen Cassetten-Spieler am *Verstärker* (oder Radio) an?

Denn der hat nur eine einzige Buchse für TB (Tonband). – Doppelstecker gibt es meines Wissens noch nicht, weil es dann zu Spannungsabfall, zu Störungen käme. Also müßte man noch jeweils umstecken.

Dennoch einfacher: das Tonbandgerät, mit dem Sie vorwiegend neu aufnehmen, mit Kabel auf TB-Buchse. Den Cassetten-Recorder, mit dem Sie vorerst nur abspielen, auf Buchse ›Auxiliary‹ (nur für Wiedergabe). – Oder sich vom Radio-Fachgeschäft einen Umschalter basteln lassen.

Oder: das alte Tonbandgerät samt aller alten Tonbänder wegschmeißen. Aber wer macht das schon?

17. Übersprechen

(Ein Fehler, der manchmal sein Gutes hat)

Über das Übersprechen müssen wir jetzt sprechen. Oblgeich darüber früher schon einmal – kurz – gesprochen wurde:

Kennenlernte ich es bis ins ganze Bewußtsein hinein, als ich einen oberbayrischen Telefon-Anschluß erhielt: unentwegt waren zwei Damen in der Leitung, die über einen mißratenen Neffen ratschten.

Jetzt wissen Sie, was das ist: wenn tönende Impulse von einem Draht in einen anderen Draht funken.

Ihre Stereo-Anlage hat zwei ›Drähte‹, will sagen, zwei getrennte Kanäle. Und damit Sie es schneller verstehen, tun wir jetzt so, als sei die Stereo-Aufnahme mit nur 2 Mikrofonen gemacht, das eine Mikro für den linken, das andere für den rechten Kanal.

Nun dürften Sie auf der linken Box nur das vom linken Mikro hören, von der rechten Box nur das vom rechten Mikro.

Schon von Haus aus ist das nicht so: jedes Mikro hört auch ein wenig mit von dem, was das andere – lauter! – hört. Die ›Übersprechung‹ ist also akustisch schon im Aufnahmeraum, ehe sie durch die Elektronik fährt. Soweit ist sie noch ganz menschlich, denn auch Sie hören von links noch einiges, was eigentlich von rechts kommt, säßen Sie leibhaftig im Konzertsaal oder im Tonstudio. Mit ›Übersprechen‹ ist in der Fachwelt nur der induktive Effekt, also innerhalb der Anlage, gemeint, ich meine indes, daß man den elektrischen nicht vom akustischen Effekt trennen darf, wenn es praxisbezogen sein soll.

Doch schon im Mischpult kommen sich die beiden elektronischen Kanäle bedenklich nahe, einfach durch die Drähte, die Kabel, die Stecker.

In einem ›Draht‹ (›Leiter‹) baut jeder Strom ein elektrisches

Feld auf, das in die nähere Umgebung hineinstrahlt. Läuft in jener ›näheren Umgebung‹ noch ein Draht entlang, gar ganz parallel, dann werden die Stromstöße (Impulse) des ersten Drahts auf den Nachbardraht induziert. Quakt es kräftig im ersten Draht, quakt es ganz leise auch in den zweiten Draht hinein.

Das läßt sich abschirmen, zum Beispiel dadurch, daß man jeden Draht mit einem geerdeten Netz umgibt. Ein Aufwand indessen, der für unsere Anlagen zu groß, zu wenig praktikabel ist. So geht man allenfalls vor bei Zuleitungen für Antennen – denn auch die elektrischen Schalter im Haus und andere elektrische Störenfriede wollen ›übersprechen‹ als Knistern und Knakken.

So müssen die Ton-Konstrukteure ganz darauf bedacht sein, beide ›Kanäle‹ unserer Stereo-Anlage auseinanderzuhalten. Nicht immer einfach in den mehr und mehr kompakt gebauten Geräten.

Wie denn bemerken Sie ›Übersprechen‹ bei Ihrer Stereo-Anlage?

a) Hörfunk (stereo):

Durch geringen Stereo-Effekt. Immer vorausgesetzt, daß Sie richtig entfernt inmitten Ihrer Boxen sitzen, keine Box einen Widerhall an einer Wand oder an einer Fensterscheibe findet. – Ärgern Sie sich darüber nur manchmal, kann es am Rundfunk liegen. Ärgern Sie sich immer darüber, dann wissen Sie noch längst nicht, welcher Baustein Ihrer Anlage ›überspricht‹. – An der Antenne liegt es grundsätzlich niemals; sie empfängt ja beide Kanäle zugleich, und den Pilot-Ton für Ihren Decoder empfängt die Antenne sicherlich ebensogut;

b) Platte (stereo):

Auch durch zu schwachen Stereo-Effekt. – Ärgern Sie sich nur gelegentlich, liegt es an der Platte. Sonst an Ihrer Anlage. – Aber stopp! Denn Platten sind unterschiedlich. Tests attestieren manchen Platten harten Stereo-Effekt, anderen zu geringen. – Am Plattenspieler kann es liegen, zum Beispiel an der Nadel! Der Kopf Ihres Tonarms ist vielleicht so gebaut, daß er die linke und die rechte Flanke in der Rille nicht auseinanderdividieren kann, statt dessen beides zugleich abspielt. Das ist dann auch ›Übersprechen‹:

Platten soll man nicht Unrecht tun: wenn totales Stereo schon unnatürlich ist, müssen auch die Platten nicht total unnatürlich sein. Die linke Box soll auch ein wenig von dem abstrahlen, was zur rechten Box gehört und umgekehrt.

Gibt es das erste ›natürliche‹ Übersprechen schon im Aufnahmestudio, findet das zweite in Ihrem Wohnzimmer statt: die Töne der beiden Stereo-Boxen mischen sich im Raum. Und das dürfen die auch, weil es im Konzertsaal ja nicht viel anders wäre!

Am unbestechlichsten ist das Abhören mit Kopfhörer (stereo). Wenn in Ihrem Kopfhörer alle Platten fast ›mono‹ tönen, liegt es an der Anlage. Am verdächtigsten ist der Plattenspieler; weniger verdächtig ist der Verstärker. (In unseren Landen sind Plattenspieler und Verstärker vorwiegend vereint: Compact-Geräte.)

Zuwenig bekannt: es kann auch an der Verkabelung, an den Leitungen zwischen den Geräten liegen. (Zum Beispiel Kabel zwischen Plattenspieler oder Tuner zum Verstärker.) Oder an den kleinen Steckerchen; da haben wir mehrpolige Stecker mit draht-dünnen Beinchen und ebensolche Buchsen. Schon kann es zum ›Übersprechen‹ kommen. Theoretisch nur. Denn das bißchen, was in Steckerchen überspricht, stört nicht das Gehör (weil eben ja ein gewisses, naturgegebenes ›Übersprechen‹ immer vorhanden ist). Ich erwähne das nur, weil sich damit mancher Fachhändler herausredet.

Wie mißt man zu arges ›Übersprechen‹ einer Anlage? – Es gibt dafür Testplatten (Deutsches High-Fidelity Institut). Diese Testplatten sind für Ihre Ohren gemeint, aber es gibt eine Menge von Radiohändlern, die ihre Ohren einfach abstellen. Was machen Sie nun mit solchen Leuten:

a) Sie haben einen gesonderten Verstärker mit zwei getrennten Anzeige-Instrumenten für linken und für rechten Kanal;

b) oder nicht. Haben aber ein Tonband- oder Cassetten-Gerät

mit zwei getrennten VU-Metern. – Lassen nun die Testplatte für Stereo-Effekt ablaufen und beobachten die Anzeige-Instrumente. Bei Ansage: ›linker Kanal‹ darf nur das linke Instrument ausschlagen, das rechte allenfalls ein wenig vibrieren. Und umgekehrt.

Wenn beide Instrumente fast gleich weit ausschlagen, ist das kein Stereo. – Wenn bei Geräusch aus linkem Kanal das rechte noch halbweit ausschlägt, liegt ›Übersprechen‹ vor.

Herauszufinden, an welchem Bauteil die Übersprechung liegt, ist nicht Ihre Sache, sondern Plage der Werkstatt.

Unter uns: Stereo ist gar nicht nötig, aber wer schon dafür bezahlt, hat auch ein Recht darauf!

18. Kopfhörer

Sie haben zwei Sonderheiten:

a) Sie brauchen kaum Energie und tönen trotzdem.

b) Leute, die es nicht mit anhören wollen, werden verschont. – Sie haben auch noch Absonderlichkeiten, die ich mir für später aufspare.

Kopfhörer dienen:

1. der Kontrolle, besonders bei Mikrofonaufnahmen,
2. den Nachbarn hinter dünnen Wänden,
3. einer spezifischen Hörlust, die noch kein Elektroniker und auch noch kein Psychologe ergründet hat.

Kontroll-Kopfhörer dürfen einfacher Bauart sein. Es genügen elektro-magnetische Systeme. Wie solches aussieht, finden Sie beim Aufschrauben eines betagten Telefon-Hörers: zwei nebeneinander sitzende Spulen mit Eisenkernen (›Nord‹ – ›Süd‹, das Ganze als Hufeisenmagnet wirksam) zupfen, je nach elektrischen Impulsen, an der eisernen Membran. Dann schwingt die Membran in der Frequenz der Impulse, setzt die elektrischen Schwingungen wieder um in angebuffte Luft, in Schall. Opas wissen davon noch ein Lied zu singen aus der Detektor-Zeit. – Aber schon diese simplen Systeme sind recht gehörrichtig, theoretisch wenigstens. Trotzdem klingen sie schrill und haben keine Bässe, doch liegt dies weniger am System – als am Ohr! Zwischen Membran und Trommelfell ist wenig ›Raum‹, nur eine enge, kurze Luftsäule. Wenn Sie sich jegliche Membran – ob nun im Lautsprecher oder im Kopfhörer – bei hohen Tönen schnell schwingend, quasi vibrierend vorstellen dürfen und bei tiefen Bässen mehr als eine Art Luftpumpe, dann erfühlen Sie bereits, daß es mit den Luftpumpen im Gehörgang seine Schwierigkeiten hat. Die

Alter elektro-magnetischer Hörer (Membran abgeschraubt).
A. Spoerl

Baß-Luft entweicht an den Rändern der Ohrmuschel, nur ein kleiner Teil zwängt sich bis zu Ihrem Trommelfell hindurch.

Bei Kontroll-Hörern bemerken Sie damit immer noch Fehler der Aufnahme (schlag zurück zu ›Monitoring‹ in den Kapiteln Verstärker und Tonbandgerät!) oder: schwächer ankommende Instrumente (siehe später im Kapitel Mikrofon!), auch Übersprechen, den Grad des Stereo-Effekts, vor allem Klirren.

Ob die Bässe richtig kommen, hören Sie mit diesen einfachen Kopfhörern nicht ganz genau. Aber Bässe sind selten ein Problem, benötigen kaum ein Kontroll-Mithören.

Zum Schneiden eines Tonbands genügen die elektro-magnetischen Kopfhörer vollauf, denn dabei achten Sie weniger auf die Tonqualität – das haben Sie bereits vorher über Lautsprecher abgehört, die Bandstücke markiert – als auf die justament richtige Schnittstelle.

Nachbarnfreundliche Kopfhörer sollen die Lautsprecher ersetzen.

Sie gibt es als ganz billige **Ohrwürmer,** zum Beispiel für den Reise-Transistor, weil die anderen Leute in den Hotelzimmern nebenan nachts darauf bestehen zu schlafen. Oder am Strand – gottlob! – ›mechanische Musik‹ (so heißt es immer noch in Behördendeutsch) untersagt ist. Oder in der Eisenbahn. – Diese Stöpsel fürs Ohr sind piezo-elektrisch. Das habe ich schon erklärt, aber umgekehrt, nämlich im Kapitel über Plattenspieler. Wenn in jenem Kapitel jeder Druck auf den Kristall (bzw. Keramik) einen elektrischen Impuls erzeugte, so erzeugt der Kristall des Ohrwurms bei jedem elektrischen Impuls einen mechanischen Ausschlag, den er auf die winzige Membran bringt. Musik hört sich damit an, als käme sie von einem Raumschiff über Houston. Roger! – Piep – piep.

Im Heim gehört der **elektro-dynamische Kopfhörer** auf die Ohren, wenn es um HiFi geht. Er arbeitet genauso wie der elektro-dynamische Lautsprecher, doch auch wieder umgekehrt: die aus dem Verstärker kommenden Impulse durchlaufen eine Spule am Hinterteil der Membran. Diese Spule schwebt in einem Magnetfeld. Bei jedem Impuls (›Signal‹) möchte die Membranspule in das magnetische Feld hineinfahren, zerrt die Membran mit, je nach Frequenz und Amplitude. Macht also auch wieder aus elektrischer Schwingung Schall. – Aber die macht es besser als das einfache elektro-magnetische System, sie ist noch frequenztreuer, also gehörrichtiger.

Und doch fehlen hier wieder die Bässe! Würden fehlen, wenn man sie nicht einfinge durch fast hermetische Abdichtung der Hörmuschel zur Außenwelt!

Wenn einfache Kopfhörer noch mit einem dicken Schaumstoff-Ring rund um Ihr Ohr auskommen, warten die elektro-dynamischen mit dicken Polstern auf, ähnlich erschlafften Luftschläuchen am Fahrrad. So bleiben die Bässe eingefangen, mehr davon wird auf Ihr Trommelfell geleitet! – Das hat noch einen weiteren Vorteil: Sie hören nicht, wenn Ihre Frau ruft: »Abendessen, Oskar!« Oder was sie sonst so meint. Sie hören auch nicht die Telefonklingel im Nebenzimmer, was noch viel wichtiger ist. (Wieso unterstehen sich andere Leute überhaupt, dann anzurufen, wann es ihnen paßt? Man sollte ins Telefonbuch eintragen lassen: Telefonierstunden nur zwischen ... Uhr und ... Uhr. Oder überhaupt nie ans Telefon gehen oder nur dann, wenn man sich gerade langweilt. So halte ich es.)

Sobald Kopfhörer aber aus **lustbetonten Gründen** übergestülpt werden, müssen sie noch raffinierter sein:

Bestimmte Resonanzen, die nun einmal immer auftreten, sollen gedämpft, ›gebremst‹ werden. Dazu werden der Luft zwischen Membran und Ohr Wegkriechwege gebaut, Filzscheiben eingelassen oder – leichter zu beherrschen – elektronische ›Entzerrer‹ integriert. Solche Kopfhörer werden fast kinderkopfgroß und reißen ein ebenso großes Loch in die Brieftasche. Nicht alle sind auf Kopf und Ohren eine Wohltat. So sind aus Gründen des physiologischen Komforts ihnen auch gewichtsmäßig Grenzen gesetzt.

Und auch die kostbarsten, teuersten haben nichts mit ›wirklicher‹ Wiedergabe zu tun! Bei jedem Menschen klingen sie anders. Es ist ein noch wenig erforschtes Gebiet. Zuweilen ändert sich der Ton-Eindruck allein dadurch, daß man solchen Kopfhörer ein wenig anders aufsetzt, die riesengroßen Muscheln auf dem Ohr etwas verschiebt.

Nun, wirklichkeitsgetreu sind Kopfhörer trotz ihres idealen Frequenzganges und bei aller Abschirmung und inneren ›Bremsung‹ heute noch immer nicht. Und sollen und wollen es auch gar nicht sein!

Es fehlt die Atmosphäre des Zimmers mit seinen reflektierenden Wänden, seiner räumlichen Struktur – und sei das Zimmer noch so klein. – Vielleicht könnte man das in die Kopfhörer hineinzaubern, aber man will es ja gar nicht. Denn Leute mit Kopfhörern – ich meine die mit Kopfhörer-Lustgefühl – wollen es ›kopfhörerarig‹.

Alle Tonträger – Schallplatten und bespielte Bänder und Cassetten – gehen davon aus, daß sich die Klänge beider Boxen im Zimmer überschneiden, sich etwas vermischen. Aber im Kopfhörer waltet brutalster Ping-pong-Effekt: da gibt es nur links und rechts. Will damit sagen: die Tonträger sind nicht auf Kopfhörer dressiert, sondern auf Boxen. Durch Kopfhörer klingen sie verfremdet, zu kanal-getrennt.

Auch theoretisch gemessener ›richtiger‹ Frequenzgang der Kopfhörer-Membran wird in Ihrem Gehörgang verändert, ja geradezu verzerrt, in jedem Gehörgang anders. Doch jeder ist mit seinem eigenen Gehörgang zufrieden, weil er ja auch die übrige klingende Welt durch diesen seinen Ohr-Kanal immer so hört. Also auch mit Kopfhörer!

Kopfhören hat nichts mit HiFi zu tun, wenn man HiFi dahin auslegt, daß es ›tontreu‹ sein soll. Ein Effekt ist der Kopfhörer indessen! Ich habe Menschen getroffen, für die der Kopfhörer fast zum Rauschgift geworden ist.

Auch Sie sollten es einmal versuchen.

Muß Kopfhörer nur für Stereo sein? Ja. Denn bei Mono hören Sie die Musik wie mitten aus Ihrem Kopf heraus. Das ergibt einen akustischen Brennpunkt im Zentrum Ihres Hirns und stimmt Sie auf die Dauer dämlich.

Bei Stereo fühlen Sie nur manche Töne mitten im Kopf, nämlich dann, wenn beide Kanäle denselben Ton (zum Beispiel eines Instruments inmitten des Orchesters, der Kapelle, der Band) gleich laut bringen. Aber sonst hören Sie doch das eine links, das andere rechts, fühlen sich ›mitten in das Orchester‹ gesetzt, was auch wieder nicht hifi ist, denn wer sitzt bei einem Konzert schon initten der Musikanten. Aber verblüffend ist es!

Für Quadrophonie oder 4-D-Raumton gibt es keine Kopfhörer, sondern Hauben wie im Damen-Frisier-Salon, von innen bespickt mit 4 und noch weit mehr schallenden Membranen rund um Ihren Schädel und Ihre Ohren. Da hocke ich lieber unter einer Frisierhaube, denn die ist funktionell konstruiert; solche plärrenden Tonhauben aber sind meiner Meinung nach mehr zum Kaufen als zum Anhören! Das hat nichts mehr mit HiFi zu tun, sondern nur noch mit Geldausgeben. Die abgestrahlten Klänge fahren sich gegenseitig so ins Gehege, daß es bisher wohl noch keiner exakt ausmessen konnte.

Technisch bisher unentbehrlich ist der Kopfhörer für Wiedergabe von **Kunstkopf-Aufnahmen.** Ich habe den Kopf früher bereits beschrieben. Wiederhole nur: alle Regler auf ›neutral‹ stellen – Bass, Presence und Treble. Keine Filter einschalten: Rumble oder Scratch. Balance genau auf Mitte! – Hierfür genügt ein Mittelklasse-Kopfhörer, denn diese Kunstkopfsendun-

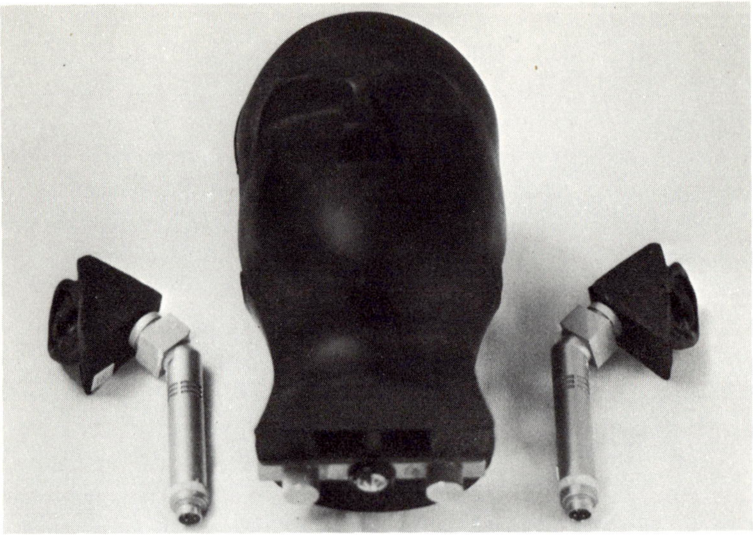

Kunstkopf mit herausgezogenen Ohren. – Ohrmuscheln, Gehörgänge, statt Trommelfelle: Kondensator-Mikrofone. – Wiedergabe bisher nur durch Kopfhörer. (Prinzip: Prof. Sennheiser) *Scheffrath*

gen – Sie können sie auf Band bzw. Cassette aufnehmen – sind effektvoll nur bei Hörspielen, weniger bei Musik. (Wer läuft schon um's Orchester herum?)

Kopfhörer: welches Fabrikat? – Bei denen ist es nicht so riskant, ein anderes Fabrikat einzukaufen, als man es als Verstärker-Fabrikat hat (Radio-Fabrikat). Hier dürfen Sie Fabrikate ungehemmter mischen als zum Beispiel bei HiFi-Bausteinen aus Receiver, Phono, Verstärker, Boxen.

Aber die Ohm-Zahl muß stimmen!

Extremer Falsch-Fall: Ihr Verstärker bzw. Compact-Gerät hat keine gesonderte **Buchse** für Kopfhörer. Sie also stöpseln den Kopfhörer in die Boxen-Buchsen. Aus diesen Buchsen kommt aber weit mehr Dampf, als Ihr Kopfhörer verkraftet. Dabei kann der Kopfhörer in die Binsen gehen. Ihr Kopfhörer hat elektrisch einen weit größeren Widerstand als die Boxen, praktisch ›unendlich‹. Nun dampft Ihr Verstärker gegen den Widerstand an – dabei geht ihm die Lunge aus, die Endstufe.

Ja, Sie dürfen – wenn Ihr Gerät keine Kopfhörer-Buchsen hat – in die Boxen-Buchsen stöpseln. Aber zuvor muß Ihr Radiohändler zwischen den Buchsen Brücken einbauen (hier: Widerstände). So steht es auch geschrieben. Nur gehört dazu ein Radiohändler, wie er natürlich üblich ist: einer mit Fachwissen, weil er errechnen muß, wieviel Ohm diese Widerstände aufweisen müssen.

Gute Anlagen bzw. Compact-Geräte haben für Kopfhörer (stereo) eine gesonderte Buchse. Nein: zwei verschiedene. Die einen haben Buchse für Klinkenstecker, die anderen Buchse für DIN-Stecker, die in Wahrheit noch gar nicht geDINt sind. Doch alle Stecker lassen sich anschlußmäßig zurechtlöten (bei Mikrofonen kommen wir noch mehr auf das Trauerspiel, weil da alles geDINt ist, was noch immer nicht genormt ist).

Einfachere Compact-Geräte haben Kopfhörer- Buchsen, in die Sie den Kopfhörer-Stöpsel so oder so verdreht stecken können: so verdreht, daß die Boxen weiter klingen, oder so, daß die Boxen schweigen. – Besser: Umschalter für Boxen oder Kopfhörer. (Gibt es vorwiegend an »hauptamtlichen« Verstärkern.)

Wie herum sollen Sie den Kopfhörer über Ihre Ohren stülpen? Was nämlich soll in Ihr rechtes Ohr, was ins linke? – Denken Sie nun wieder daran: linker Kanal (Ohr) für die Melodie-Führung, rechter Kanal (Ohr) für die Begleitung bzw. Schlagzeug. Links Blech, rechts Pauke, so, wie es in Orchester oder Band angeordnet ist. – Wenn Ihr Kopfhörer einen Klinkenstecker oder einen DIN-Stecker hat, müssen Sie es nur einmal ausprobieren, können sich dann die linke Kopfhörerschale mit Fettstift oder farbigem Klebeband markieren. Wenn Ihr Kopfhörer aber zwei getrennte Stecker hat, müssen auch die Stecker markiert werden. (Rot = rechts, gelb = links.)

Bei den Lautsprechern schrieb ich über die richtige ›Polung‹: es darf nicht die linke Membran nach vorn drücken, wenn die rechte nach hinten zieht, denn dann pumpen sich die Boxen den

Schall gegenseitig zu, anstatt auf Ihre Ohren. – Bei Kopfhörern tut es weniger weh, denn jede Schale ist quasi luftdicht mit Ihren einzelnen Ohren verbunden. Und trotzdem ist es besser, wenn Sie auch hier auf richtige Polung achten! – Falsche Polung entsteht meist durch falsch verlötete Stecker von Verlängerungskabeln.

Nicht jede Kopfhörer-Buchse ist für Ihren Kopfhörer richtig. Denn es kommt auch auf die Ohm (elektrischer Widerstand) Ihres Kopfhörers an. Beim Kauf eines Kopfhörers gibt es drum zwei Möglichkeiten: einen kaufen, der in der Gebrauchsanweisung Ihrer Anlage (Verstärker) empfohlen wird oder den Schaltplan Ihrer Anlage zu einem Radiohändler tragen.

Auch Kopfhörer erst ›zu Hause‹ kaufen, d. h. nach dreitätigem Hören. Was nicht ›schmeckt‹, zurückgeben. – Vielleicht sind Sie gar kein Kopfhörer-Lust-Typ.

Das blödeste am Kopfhörer ist das Kabel zum Gerät. – Ist es kurz, dann muß man sitzen bleiben. Ist es lang, verheddert man sich darin mit den Beinen. – Es gibt auch Kopfhörer ohne Kabel – das Gerät sendet, im Kopfhörer ist ein Empfänger eingebaut –, aber ich habe darüber noch nichts Gutes gehört. Das reicht offenbar nur für Nachrichten. – Wenn Sie beim Hören sitzen bleiben, dürfen Sie auch weit weg vom Gerät sitzen; die lange Zuleitung stört erstaunlich wenig die Tonqualität. – ›Übersprechen‹? Nun, das wäre beim Kopfhörer beinahe wünschenswert! Und für ganz lange Leitungen gibt es abgeschirmte Kabel.

Kopfhörer der besseren Klasse sollen nicht auf den Fußboden knallen. Bei Wahlkämpfen ist es billiger, die Anlage sanft auszuschalten.

19. Zukunfts-Anlage

(Wird der Autor albern?)

Man sollte es sich schon jetzt anschaffen, das Radio der Zukunft, denn wenn es einmal nötig wird, kriegt man es nicht mehr. Es ist in Läden nicht erhältlich, sondern nur noch Opas aus der Rumpelkammer zu klauen. Oder man müßte es selber bauen, was gar nicht so schwierig ist.

Es ist die Anlage, von der ich eingangs sprach: der simple Detektor-Apparat!

Nur dürfen Sie nicht zu weit von einem Sender entfernt wohnen. Müssen dazu auch noch 1 Doppel-Antenne an zwei Masten aufs Dach bauen, 2 etwa 10 Meter lange Kupferlitzen parallel gezogen an zwei Querhölzern, isoliert mit den ebenfalls eingangs erwähnten ›Radio-Eiern‹, Isolatoren, geführt zum Fensterkreuz, zwischengebaut einen Blitzschalter mit Ableitung ins Erdreich oder zum Wasserkran des Gartens.

Dieser Detektor-Apparat braucht keinen Strom, sondern nur einen Kopfhörer. Beim Schreiben des vorigen Kapitels bin ich auf ihn gekommen.

Er geht immer. Besonders erfreulich in Notzeiten, bei Stromabschaltung und nichtvorhandenem Radio-Händler-Service. Wenn Bomben pfeifen.

Er empfängt nicht UKW, aber Kurz-, Mittel- und Langwelle. Er reicht für den Katastrophen-Radiodienst. Dann erfahren Sie, ob die Luft noch strontium-verseucht ist, ob es noch Berlin gibt und wo keine Truppen mehr stehen. Zwischendurch wird es dann Marschmusik geben oder Beethoven, weil das die Leute heroisch stimmt.

Wenn den anderen die Transistor-Batterien im Keller ausgehen, haben Sie immer noch Ihren Detektor. Wenn das Dach auf dem Keller liegt, die Antenne also auch, ziehen Sie eine Kupferlitze – als Reserve im Keller halten – zum nächsten Ruinen-Gipfel oder zu einer Tanne. Das genügt für den Katastrophen-Dienst!

HiFi ist das bestimmt nicht, auch nicht Stereo, aber ganz krisenfest!

Wenn es heißt, Sie müßten noch 20 Jahre im Keller bleiben, üben Sie Gelassenheit. Man kann sich auch im Keller vergnügen, sofern Trinkwasser und vorgekochte Bohnen reichen. Aber berichten Sie Ihren Nachbarn, sie dürften schon ans Tageslicht. Dann sind Sie die los und haben noch mehr Bohnen und Wasser für sich selbst.

Denn der Ursprung des Radios war die Funkerei, was heißt: Nachrichten-Übermittlung. Und die soll Ihnen bleiben, ohne HiFi.

Den Plattenspieler kann man durch Sangeslust ersetzen. Damit wird man wieder ganz Mensch, wie ich in einer psychologischen Studie einer Reederei für Großtanker lesen durfte.

Selber singen ist garantierte High-Fidelity!

20. Mikrofon

Mikrofone sind im Grunde nicht anders gebaut als Lautsprecher bzw. Kopfhörer. Schematisch bestehen sie wieder aus einer Membran und zwei magnetischen Feldern. Während Lautsprecher aus elektrischen Impulsen Schall machen, setzt das ›Mikro‹ Schallwellen in elektrische Impulse um. Während beim Lautsprecher die Impulse über einen Magneten an der Membran zupfen, die Membran in Schwingungen versetzen, prallen die Schallwellen auf die Membran auf und stupfen die Spule der Membran (dynamisches System) in ein magnetisch wirkendes Feld hinein, so daß elektrische Impulse entstehen, so viele in der Sekunde, wie Schallwellen auf die Membran sekundlich drücken.

Das ist derart umkehrbar, daß billige Tonbandgeräte ihr Mikro gleichzeitig als Lautsprecherchen benutzen, daß auch große Lautsprecher imstande sind, Schall in Stromstöße umzusetzen, was sie ja gar nicht tun sollen, und bei einem aufprallenden Knall tatsächlich die ganze Anlage oder den Verstärker vernichten können – wegen des mächigen Stromstoßes, den sie beim Knall erzeugen.

Mikros gibt es von spottbillig bis sündhaft teuer. Greifen Sie nur so tief in die Tasche, wie es der Verwendungszweck nötig macht!

Am billigsten sind die **elektro-magnetischen** Mikros. – Sie sind innerlich vom gleichen System wie die elektro-magnetischen Lautsprecher oder Kopfhörer. (Lies nötigenfalls noch einmal Kapitel über Kopfhörer!)

Sie genügen dem Diktiergerät.

Aber schon nicht mehr dem Reportagegerät – weil es manchmal auf Feinheiten ankommt (Gesprächspartner nuschelt) und sie in dieser Preisklasse noch keine Richtwirkung haben. (Man hört die ganzen Raumgeräusche, den reflektierten Nachhall von den Wänden etc.)

Beim Kauf werden Sie vielleicht gefragt, ob das Mikro Kugel- oder Nieren-Charakteristik haben soll.

Ein einfaches Mikro hört ›rundum‹, hat **Kugel-Charakteristik.** Teure Mikros können das auch haben – es kommt auf den Verwendungszweck an! –, aber bei einer Reportage (Interview, Musikaufnahme einer Band u. a. m.) soll das Mikro doch nach vorn zielen, Geräusche von hinten nicht mehr wahrnehmen. Es soll Nieren-Charakteristik haben!

Inzwischen gibt es **Richt-Mikros** wie Zielfernrohre. Auf etliche Meter Distanz kann der Tonmeister – zum Beispiel bei einem Interview inmitten lärmender Menschenmenge – auf Ihren Mund zielen und bekommt tatsächlich nur das auf Ton, was aus Ihrem Munde kommt. Er muß das Ding – es sieht aus wie ein Gewehrlauf – nur so ruhig halten wie ein Scharfschütze seine Flinte, sonst entstehen Löcher in der Aufnahme!

Universal-Mikros für Interviewgeräte lassen sich umstellen auf Sprache und auf Musik. In der Hitze der Reportage wird das Umschalten oft vergessen. Auf ›Musik‹ wird Sprache übertönend, bis zur schlechten Verständlichkeit, auf ›Sprache‹ kommt Musik ohne Bässe.

Für die **Reportage-Mikros** gibt es dreibeinige Tischständer, die trotz ihrer Gummifüßchen Vibrationen der Tischplatte auf den Ton bringen. Besser sind die billigen Drahtständer. Notfalls genügt es, das Mikro auf ein zusammengeknülltes Handtuch oder einen Aktenstapel zu legen – was eben gerade vorhanden ist.

Theoretisch scheint es ideal zu sein, zwei Gesprächspartnern je ein Mikro vor das Gesicht zu stellen, das Ganze auf Stereo. Praktisch hat das aber einen Nachteil: der Gesprächspartner kann einem ins Wort fallen. Da ist es besser, nur ein Mikro an der Strippe zu halten und es dem anderen erst dann vor den Mund zu bringen, wenn er ihn aufmachen soll. Nur so werden Interviews im Sinne des Interviewers gezaubert.

Was über Ihre Verhältnisse geht: das **Mikroport,** kleine Mikrofone ohne Verbindungskabel zum Tonbandgerät, den Sprechenden an den Frack geheftet. Sie besitzen eingebaute UKW-Senderchen und eine Hänge-Antenne, die in den betreffenden Hosenbeinen untergebracht sind. Ihre Charakteristik ist speziell auf nah ausgelegt, so daß Stimmengewirr rundum vom Mikro kaum noch vernommen wird. Das Fernsehen macht es oft so.

Wirkliche High-Fidelity geht nur am konventionellen Kabel zum Gerät. HiFi ist nicht unbedingt nötig, aber doch genußvoll bei eigen inszeniertem **Hörspiel** im Wohnzimmer. – Mikros mit Kugel-Charakteristik, wenn sich die Darsteller im Raum bewegen. Aber warum sollten sie? Ausprobieren im Kopfhörer! Meist setzt man die Darsteller im Kreis ums Mikro. Mono genügt da noch immer. Sobald Aufnahme mit Stereo, müssen die Darsteller tatsächlich im Raum herumlaufen wie auf der Bühne und stellen Anspruch an den Raum-Effekt.

Aber dann kommt ein Problem: der Trittschall. Er fährt nicht durch die Luft, sondern als Körperschall vom Fußboden über das Mikrofon-Stativ bis auf die Membran. – Dagegen gibt es das ›Schwing-Stativ‹. – Notlösung: Mikro mit Gummikordel am herkömmlichen Stativ aufhängen. Es ist auch viel billiger!

Eigene Musik im Keller? – Da kann heute schon nicht mehr auf Stereo verzichtet werden, denn nichts ist dem Amateur grauslicher, als hinter den Profis im Rundfunk zurückzustehen.

Sofort kommt die Frage auf, ob Combi-Mikro (XY-Typ) für Stereo oder ob zwei getrennt aufgestellte Mikros (AB-System)?

Das **Combi-Mikro** – zwei Mikros zusammengebacken auf einem Ständer mit Richt-Charakteristik im 90°-Winkel, das eine nach links, das andere nach rechts horchend – verlangt, daß die Musikanten im Halkreis um es herumsitzen. Das gibt eine unnatürliche Raumverteilung der einzelnen Instrumente (›Stimmen‹). Aber bequem ist es! (XY-System: beachte auch entsprechende Buchse am Verstärker oder Tonbandgerät!)

Stereo-effektiver sind zwei **getrennt aufgestellte Mikros** und die Musikanten in einer Reihe oder wie sonst sie verteilt sind.

Wer es mit der eigenen Musikaufnahme genau nimmt, muß vorher Kopfhörer-Proben machen (oder Hinterband-Kontrolle, Monitoring über das Bandgerät!), die Standorte der Mikrofone

Mikrofonaufstellung für XY-Stereophonie (Kammermusik oder kleine Band im Halbkreis gruppiert). *DHFI*

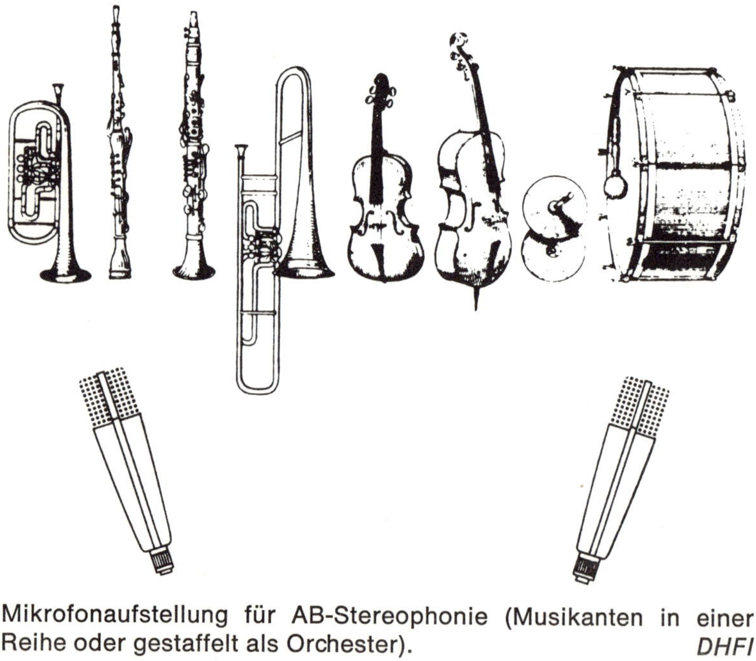

Mikrofonaufstellung für AB-Stereophonie (Musikanten in einer Reihe oder gestaffelt als Orchester). *DHFI*

austüfteln. Wenn vorhanden, dabei auch schon am Mischpult manipulieren (manchen Tonband- bzw. Cassetten-Geräten in einfacher Form schon einverleibt). Er muß hinterher bei der eigentlichen Aufnahme nicht mischen – das kann er sich fürs Überspielen aufbewahren –, aber wissen, wie es dann wohl ›gemischt‹ klingen wird.

Was bei solchen Proben nur wenige mit dem Ohr hören – aber mit dem Kopfhörer! –, ist der Nachhall im Raum, sind auch andere Störgeräusche. Schön, Sie können Wolldecken an die Wände hängen (noch besser 20 cm vor den Wänden auf Wäscheleinen!), aber damit können Sie zuviel des Guten tun: die Aufnahme klingt versackt, ohne Brillanz. Stimmen verlieren ihr Trimbre, auch die der Instrumente.

Getrennte Mikrofone (nach System AB) haben ein Risiko: sie sind in ihrer Charakteristik nicht immer ganz gleich. Wenn man sie als – von dem Hersteller – aussortierte und als zueinandergehörige Zwillinge einkauft, kann man recht sicher sein. Riskant wird die Sache, wenn ein einzelnes Mikro nachgekauft wird (weil zum Beispiel einer der Zwillinge lädiert worden ist). Die Normung hilft hier nicht, nur das Ausprobieren.

Bei Musik wird sofort nach dem **Frequenzgang** der Mikros gefragt. – Da gute Verstärker, Tonbandgeräte und Boxen heute bis 20 000 Hz gehen, soll auch das Mikro soweit reichen. Jeder zweite Jugendliche hört heute zwar nur noch bis 8000 Hz, weil ihm Beat und Straßenverkehr die Ohren zerdeppert haben – und doch merkt er, wenn die allerobersten Frequenzen fehlen! (Lesen Sie das Kapitel über Hören?)

Soweit reichen zumindest alle Mittelklassen-Mikros. Aber wozu sind die ganz teuren Mikros da?

Es gibt noch ein Mikro-System: **Kondensator-Mikrofon.** Die metallische Membran wirkt als die eine Kondensatorwand, der Kern als die andere. Die Kapazität des Kondensators ändert sich im Impuls-Rhythmus durch die wechselnde Distanz zwischen Membran und Kondensatorkern. Das gibt nur schwächliche Modulationen ab, muß gehörig verstärkt werden, die Strömchen reichen kaum durch das Verbindungskabel bis zum Verstärker.

Hat drum ein solches Kondensator-Mikro in seinem Stiel gleich seinen eigenen Verstärker (mit Trocken-Batterien). – Dieses System gilt als das hifiste.

Einen Verstärker braucht jedes Mikrofon! – Es kann der eigenständige Verstärker sein – als getrennter Baustein der Anlage – oder der Verstärker in einem Compact-Gerät. Oder auch der Verstärker im Tonbandgerät.

Das eigentliche Problem besteht in der Anpassung von Mikro und Verstärkerteil!

Es genügt nicht, das Mikro vom selben Fabrikat zu kaufen wie den Verstärker, denn dasselbe Verstärker-Fabrikat ändert von Modell zu Modell seine elektrischen Werte, ja sogar die Anschluß-Buchsen. – Norm zwar ist da, aber es wurde alles genormt, was auf den Markt kam – und darum eigentlich nichts genormt!

Der Fachmann müßte wissen, welches Mikro zu Ihrem Verstärker paßt, aber soviel Möglichkeiten – und Unmöglichkeiten – kann kein Fachmann im Kopf behalten. – Es gibt dafür Tabellen, aber auch die ändern sich jedes Jahr, weil die Hersteller ihre Verstärker und auch ihre Mikrofone ändern.

Im glücklichen Fall sind die Drähtchen nur an andere Steckerbeinchen gelötet, was man umlöten kann. Im peinlichen Fall stimmt die Anpassung nicht. Es gibt zwar vom Mikro her einen Ton auf das Band, aber er ›klingt‹ nicht.

Da hilft einfach nur das Ausprobieren. Und für das Mikro gilt doppelt, was ich schon für alle Bausteine einer HiFi-Anlage riet: nicht im Laden kaufen, sondern erst zu Hause den Kauf abschließen, wenn Sie ausprobiert haben.

Eine – bestimmt zu grobe, aber doch zuverlässige – Probe können Sie mit Testplatten veranstalten:

Über Plattenspieler aufs Mikrofon; das Mikro direkt auf Tonband. Danach Tonband zugleich mit Testplatte abhören, beide zeitlich um etwa 5 Sekunden versetzt, so daß Sie 5-Sekunden-Stücke durch dauerndes Umschalten abwechselnd von Platte und von Tonband hören. Bei solchem Vergleich darf nur ein minimaler, kaum wahrnehmbarer Unterschied bleiben. (Ein Unterschied ist da immer und zwangsläufig, weil bei jeder Übertragung Nuancen verlorengehen, die Akustik Ihres Zimmers hineinspielt u. a. m.)

Lohnen sich Profi-Mikrofone? – Nein, aber semi-profi lohnen sich. Denn für voll-profi ist Ihre Amateur-Anlage eo ipso nicht ausgerichtet.

Am teuersten kommen die Mikros, die sich einer zu früh kauft, damit seine ersten Aufnahmen veranstaltet, merkt, daß es in Arbeit ausartet, die Sache bald leid, die teuer gekauften Mikros aber nicht mehr los wird.

Wenn ein Töchterlein mit Blockflöte das einzige Musik-Ensemble ist, über das Sie verfügen, wird es schnell langweilig. Von diesem Kind können Sie Mono-Aufnahmen fürs akustische Familien-Album machen, aber dafür genügt ein ganz einfaches Mikro.

Wenn Mikros einen eigenen Sender haben und so klein gebaut sind, daß man sie dem verhaßten Gegner unter die Schreibtischplatte oder unter die Sprungfeder-Matratze kleben kann, heißen sie **Wanzen.** – (Der Fall, da ein Herzchirurg dem Patienten statt des Schrittmachers eine Wanze einbaute, ist erlogen.)

Selbst stabile Zimmerwände (vor allem in Betonbauweise), Türfüllungen und – besonders freudig – Fensterscheiben können als Membranen benutzt werden – für Mikros, die außerhalb installiert sind. Die Fensterscheibe schwingt im Rhythmus der Schallwellen; ein Außensitzender kann sie mit unsichtbarem Licht anspiegeln, die Reflexe foto-elektrisch in elektronische Impulse umwandeln, Ihre Gespräche mithören, auf Band mitschneiden.

Sicher vor Mikrofonen ist man nur gestript in der Brandung oder auf einsamem Stoppelfeld. Falls es Sie interessiert.

21. Antenne

Wenn Sie auf einen Sender eingestellt haben, der nichts sendet – total ausgeschaltet ist –, oder zwischen zwei Sendern einstellen – und dabei nicht die sogenannte ›Stumm-Abstimmung‹ eingeschaltet haben, dann hören Sie dennoch etwas: nämlich ein Rauschen. Es rührt daher, daß Ihr Empfänger nun mit Superkraft etwas einzufangen versucht. Und das, was da nun rauscht, ist nicht die Anstrengung aus dem Empfänger, sondern sind ungeordnete Signale elektro-magnetischer Art, die nun einmal herumschwirren und in Ihre Antenne prasseln.

Es geht da ähnlich zu wie beim Bandrauschen in Tonpausen, wenn Sie den Verstärker ganz aufdrehen. Das sind dann die ›ungeordneten‹ Magnetteilchen im Band, die mit dieser Verstärkungs-Vergrößerung nun am Tonkopf vorbeifahren.

Der Empfänger – wenn kein Sender einfällt – verstärkt wie wild, auch ohne daß Sie ihn voll aufdrehen!

Daraus leiten wir ab: je weniger der Empfänger sich zu verstärken bemüht (Vorverstärker-Teil!), um so weniger verstärkt er das natürliche **Rauschen** aus der Atmosphäre, und wenn er sich gar nicht mehr anstrengen muß – weil der Empfang des Senders feldstark genug einfällt –, sinkt das ›Rauschen‹ aufs Unhörbare herab. Es rauscht eben nicht mehr.

Alles, was rauscht, ist nicht hifi!

Im Kapitel über Radios am Netz sprach ich noch leichthin über die **Wurf-Antenne,** das Drahtschwänzchen in der Antennen-Buchse. Da setzte ich voraus, daß Ihr Empfänger nahe einem UKW-Sender (oder Übertrager) stehe und nichts ihn abschirme, es auch keine Reflexionen gäbe.

In der Stadt ist das selten, noch seltener in unteren Stockwerken.

Aber auch in günstiger Lage möchten Sie bald mehr als den nahen Ortssender. Es ist auch gar nicht gesagt, daß Ihr naher Ortssender stereo sendet; für diesen Genuß müssen Sie vielleicht eine fernere Sende-Station anpeilen.

Und außerdem wollen Sie etwas Auswahl unter mehreren Programmen haben.

Bei solchen durchaus legitimen Ansprüchen ist die **Dach-Antenne** unvermeidlich!

In der Theorie liest die sich ganz einfach. Sie soll für Stereo eingangs Ihres Empfängers 200 μ-Volt bringen. (Das läßt sich leicht messen.) – Hören können Sie auch mit 10 μ-Volt, aber das wird niemals Stereo-HiFi. 2,0 μ-Volt waren für Mono-Empfang vorgeschrieben. Stereo aber verlangt 100mal höhere Spannung, und wenn die nicht ausreicht – stereophoner Empfang eines schwach einfallenden Senders –, hören Sie Klirren oder Rauschen, können das nur wegbringen durch Umschalten Ihres Empfängers auf Mono.

In der Praxis kann das so aussehen:

Ganz nahe haben Sie eine Sende-Station eines gewissen Programms, aber nur für Mono. Weiter entfernt – schwächer für Sie – wird dasselbe auf Stereo gesendet. Von noch woanders her, aber auch weiter entfernt, funkt ein anderes Programm, vielleicht der Verkehrsfunk, den Sie vor der morgendlichen Abfahrt zum Kaffee abhören möchten. Und von recht weit entfernt kommt noch einer auf UKW, aber schon etwas verzerrt.

Wie immer nun Ihr Antennen-Fachmann die Antenne dreht – es ist immer falsch. Noch schlimmer: zwei UKW-Sender kommen aus der gleichen Richtung und liegen auf der Skala dicht bei dicht. Nun, was das letztere betrifft, so kann Ihr Empfänger, wenn er von guten Eltern stammt, den schwächeren Sender ganz wegdrücken (Taste afc), aber auch den schwächeren bei feiner Einstellung noch kriegen (ohne afc-Taste). Aber im zweiten Fall wird das ein kläglicher Ton. Dagegen helfen keine Patent-Antennen!

1. Tip: Antenne nicht auf den kräftig strahlenden Ortssender einstellen, sondern auf denjenigen, der gutes Programm für Ste-

reo bringt. (Der Ortssender fällt immer noch genügend stark ein, auch wenn die Antenne an ihm etwas vorbeizielt.)

2. Tip: nicht mit Super-Antenne (zum Beispiel Viel-Element-UKW-Antenne mit Reflektor und Director) auf den schwächsten Sender einstellen. Denn dann kommt der zweitschwächste mit vielleicht ›gutem Programm‹, aber für Stereo nicht mehr gut.

3. Tip: **Rotor-Antenne.** Die können Sie vom Gerät aus in jede gewünschte Richtung drehen, etwa wie ein Radargerät! – Und damit Sie nicht jedesmal die richtigste Richtung suchen müssen, gibt es dafür auch Kommandogeräte mit einprogrammierten Richtungen, sprich: Drucktasten. (Und eigentlich müßte es bald auch Rotor-Commands geben, die mit den Drucktasten für Programmwahl Ihres Empfängers fest verbunden sind, damit Sie nicht zu jedem Programmknopf den dazugehörigen Rotor-Knopf betätigen müssen.)

Das geht alles ganz einfach, wenn man in seinem eigenen Haus wohnt. Ansonsten gibt es einen Hauswirt (oder eine Verwaltung).

Bestenfalls wird dann eine **Gemeinschafts-Antenne** installiert, auf deren Ausrichtung Sie wenig Einfluß haben. (Darum hat es das Studienprogramm im bayerischen Fernsehen so schwer; sagen doch die Hauswirte: wer schon von meinen Mietern will das Studienprogramm, und Leute, die es wollen, werden nur gebildet und damit aufsässig!) – Und wenn schon eine Gemeinschafts-Antenne auf dem Dach sitzt, will kein Vermieter noch eine Individual-Antenne dazu, samt eventuellem Verstärker (wenn Sie sehr weit unten wohnen) und Stromzuführung zum Verstärker, Löchern in den Wänden und durch Böden hindurch. – Bei alten Häusern kann man die Leitung von Ihrer Antenne zu Ihrem Gerät noch durch den Kamin legen, wenn man's unauffällig machen läßt, aber immer weniger Häuser haben pro Wohnung noch einen Kamin, sondern eine Zentralheizung oder eine elektrische ganz ohne Kamin.

Sollten Sie hoch genug wohnen – gar ganz oben in einer Wohnwabe –, dann können Sie sich mit der Zimmer-Antenne helfen: **Dipol-Flachkabel als Schlaufen** an die Fußleisten genagelt. Eine unter die eine Wand, die andere unter einer Wand, die zur vorigen senkrecht steht. Das reicht nicht für entfernte UKW-Stationen, bringt aber in manchen Fällen mehr ein als die idiotisch ausgerichtete Gemeinschafts-Antenne. Oder Sie pflanzen in einem Zimmer eine handliche UKW-Antenne in einem Zimmer auf, die Sie mit Hand jeweils auf den gewünschten Sender drehen können.

Womit wir – leider – zu den Reflexionen kommen.

Zuvor aber noch auf den ›Käfig‹, ich meine den faradayischen: Bewohner von Häusern aus Stahlbeton sitzen in einem unsichtbaren Gitterwerk aus Rundstahlstäben. Ob das medizinisch gesund ist, schert dieses Buch nicht, aber Funk kommt da nicht hindurch, allenfalls sehr geschwächt. – Die Antenne vor dem Fenster kann Ihnen aus ästhetischen Gründen untersagt werden. (»Wo kämen wir da hin, Sie?«) Und eine Fensterbrett-Antenne würde auch nur nach einer Seite hin empfangen.

Am schrecklichsten sind Hausmeister dran, wenn sie im Souterrain wohnen und trotzdem hifi empfangen wollen.

Natürlich gibt es gegen zu geringe ›Feldstärke‹ in der Antennen-Zuleitung gewisse Mittel: das sind Super-Empfänger, die den Rausch-Pegel dämpfen. Aber meist werden damit auch die oberen Ton-Frequenzen beschnitten. Wieder nicht die wahre High-Fidelity oder nur gerade eine nach DIN 45 500 statt mehr (was wir heute verlangen!).

Abermals stellen Sie an mich die Frage: teure Antenne und einfaches Gerät oder umgekehrt?

Weil eine kräftig empfangende Antenne weniger (Vor-)Verstärkung braucht als eine schwache, zudem nicht so teuer kommt wie ein Super-Empfänger, ist zur kräftigen zu raten. Indessen: die billigen Empfänger haben ihre tonlichen und anderen Schwächen. Eigentlich soll man an nichts sparen. Und weil wir – in Zukunft noch mehr – sparen müssen, ist das Optimum: gute Antenne und gute Anlage, beide nur etwas über Mittelklasse.

Gegen **Reflexionen** – und endlich gelangen wir dahin – nutzen weder Super-Antennen noch Spitzen-Geräte, denn Reflexionen sind physikalisch bedingt. Die gehen so: direkt von dem Sender erhält Ihre Antenne die ›Signale‹. Dieselben Signale laufen aber auch an Ihrer Antenne vorbei, prallen woanders auf, werden zurückgeworfen, kommen nun auch in Ihre Antenne – aber mit zeitlicher Verzögerung. Und da wundert sich manch einer, daß der Ton klirrt oder es ein Vibrato gibt.

Es sind akustische ›Geisterbilder‹.

Sie fangen an bei 150 Meter entferntem ›Reflektor‹ (Stahlbeton-Bau, Sparkasse mit kupferbeschlagener Fassade, Schneehang, Kessel eines Gaswerks u. a. m.). Über diese Entfernung hinaus werden sie wieder schwächer, nehmen dann wieder zu. Es geht nämlich um die Laufzeit der UKW-Wellen. Wenn so eine reflektierte Welle ihrer Laufzeit nach just so zurück in Ihre Antenne gelangt, daß die direkt empfangene Welle schon in der Gegenphase (›im Bauch‹) ist, dann gibt es gegenseitige Auslöschung, zwar nicht total, weil die direkte Welle ja stärker ist als die reflektiert empfangene. (›90°-Verschiebung‹.)

Dazu noch ein Tip: afc-Taste drücken (automatic frequency control)! Das hilft manchmal. – Ein von den Fachmännern nicht immer geglaubter Tip: Antenne schwächer (kleiner) machen; dann kommt der Reflex – manchmal! – nur noch so schwach ins Gerät, daß er nicht mehr als ›Signal‹ empfunden und verstärkt wird.

Eine Antenne mit Director und Reflector müßte eigentlich auch helfen, tut es nach meiner Erfahrung aber kaum. (Denn dann wirkt der Reflector als Director und umgekehrt.)

Bei einer Rotor-Antenne könnte man auch auf den Sender zielen, hinter der Antenne einer Abschirmung aufbauen, um die reflektierten Wellen abzuleiten. Aber mit diesen Versuchen bin ich beim Schreiben dieser Zeilen noch nicht so weit gekommen. Vielleicht trage ich das Ergebnis später einmal nach.

Wen sollen Sie mit dem **Antennenbau** beauftragen? – Ein Versandhaus baut meines Wissens keine Antennen auf. – Große Händler aus der nächsten Großstadt verfügen über imponierende Meß-Instrumente. – Der kleine Radiohändler am Ort kennt die bei Ihnen waltenden Verhältnisse am besten – aber vielleicht versteht er trotzdem nichts von Antennen. – Spezialfirmen von Antennen haben für ihre Filialen sicherlich gute Kaufleute, aber ob sie gute Techniker haben, ist nicht immer garantiert.

Letzter Tip: lassen Sie Ihren örtlichen Radio-Händler die Antenne bauen. Machen Sie mit ihm aus, daß Sie ihn erst dann bezahlen, der Auftrag (»das Werk«) erfüllt ist, wenn Sie zumindest einen stereophonen Sender sauberst einfangen können (Bewohner dumpfer Alpentäler hier ausgenommen), auf Tonband mitgeschnitten, damit Sie im Streitfall ein Beweisstück haben. Gelingt dies dem Ortshändler nicht, können Sie es mit einem anderen versuchen. Denn das ist wirklich eine ganz vertrackte Sache: schon 10 oder 20 Meter weiter von Ihrem Dach herrschen vielleicht völlig andere Empfangsverhältnisse! – Erst am Ende Ihrer Nerven können Sie – sofern Sie auf dem Lande wohnen, und die Mehrzahl wohnt noch immer nicht in der Großstadt – einen mit allen Meß-Instrumenten ausgerüsteten Fachmann aus der Großstadt bestellen und sich den auch noch einmal an Ihrem Dach versuchen lassen.

Bisher bin ich – am UKW-schwierigen Alpenrand wohnend – noch immer mit einem ansässigen Händler ausgekommen – nur mußte ich da immer etwas mithelfen und die Jungens auf dem Dach bei Laune halten: einen am Gerät, einen an der Antenne, beide verbunden mit Funksprech-Anlage. »Dreh noch etwas links, zuviel, wieder ein wenig nach rechts!« Und so weiter. Zwischendurch ein Bier, in länger dauernden Fällen noch eine oberbayrische Brotzeit, aber das Bier nicht so schwer, sonst schläft der am Gerät ein, und der auf dem Dach plumpst runter. Das ist nicht hifi. Und wenn die ein Loch nach oben (mit ›Postbohrer‹) durch die Zimmerdecke bohren, müssen Sie höllisch aufpassen, daß über der Zimmerdecke kein Schrank mit den Winterkleidern Ihrer Frau steht, denn der Mann unten bohrt so lange, bis es der Mann oben kommen sieht, und im Kleiderschrank sieht der nichts kommen, weil er daneben hockt, sondern schreit: »Führi, führi!« (»Weiter, weiter!«), und dann sind alle Wintersachen Ihrer Frau um den Postbohrer gewickelt und nicht mehr anzuziehen.

Dies ist bei Antennen aber ein ganz extremer Fall.

Wehren Sie sich mit Klauen und mit Krallen gegen jeden, der auf demselben Dach noch eine zweite Antenne baut: die kann auch wieder als störender Reflektor wirken. Bei HiFi muß man hart sein!

22. Werkstatt

Es stimmt gar nicht mehr, was erboste Bürger – unterschwellig trotz reiferen Alters von vielleicht 30 Jahren – so oft behaupten: der baldige Verschleiß sei von den Technikern (den ›Lakaien‹ unserer spätkapitalistischen Gesellschaft) schon in alles hineinkonstruiert. Das haben die gar nicht mehr nötig, weil der ›Verschleiß‹ bereits ideell stattfindet: die Geräte funktionieren zwar weiter noch, aber sind schnell veraltet. Dies ist das Wesen des Fortschritts, dem wir auf den Knien danken müssen.

Lassen wir die Leute darüber streiten, eines stimmt: je moderner ein Gerät, um so schwieriger ist es zu reparieren!

Teils liegt das an seiner Kompliziertheit, teils aber auch daran, daß es auf diese Weise 70 Mark weniger kostet. Dafür zahlen Sie hinterher einige hundert, um es reparieren zu lassen!

Richtig reparieren kann heute keine Werkstatt einen versteckten, verflixten Fehler. Darum sollte mehr nach dem Baukasten-Prinzip hergestellt werden: dann prüft Ihr Radiohändler nämlich Ihr Gerät nur durch probeweises Auswechseln von billigen Bauteilen. Und Bauteile sind billig, wenn die Fabriken ehrlich wären. Die Platine kostet nichts, die gedruckte Schaltung geht über Automatisation, ebenso das Festlöten der Elementchen (einmaliges Eintauchen in ein Zinnbad!), und die ›Elementchen‹ (Transistoren und andere Halbleiter) sind längst Pfennigware!

Doch was soll derartiges Aufbegehren?

Ihnen stellt sich die Frage, wo Sie Ihr Gerät reparieren lassen sollen.

a) Innerhalb der Garantiezeit: da haben Sie keine Wahl, sondern müssen das dem Händler überlassen. Er kann es selber versuchen, dann schwitzt er über Stunden an Ihrem Gerät.

Er kann es auch dem Fabrikanten zustellen, dann erhält er eine

Mords-Rechnung, die er – nicht Sie – bezahlen muß. So murkst er lieber selber etwas herum. Vielleicht hat er Glück.
Kein Händler wird jemals behaupten, daß er vom Glück verfolgt sei. Immerhin ›geht‹ Ihr Gerät hinterher wieder. Aber vielleicht klingt es nicht mehr so schön. – Weisen Sie das dem Händler einmal nach! – Er hat – wenn er ein Lauskerl sein sollte – einfach die schadhafte Stelle mit einem Drähtchen überbrückt, aber damit auch Klang-Qualität. Er hat den Fehler ausgeschaltet, aber damit auch etliche High-Fidelity!
b) Nach der Garantie-Zeit: nun haben Sie die Wahl, denn Sie können zum Beispiel darauf bestehen, daß Ihr Händler das schadhafte Ding der Werkstatt des Fabrikats zustellt. – Ihr Händler tut das ungern. Er verdient zwar daran – ihm sei das vergönnt, weil es lästig für ihn ist –, aber die Rechnung wird so hoch.

Ja, arbeiten denn die teuren Hersteller-Werkstätten besser als Ihr Händler?

Eingeschaltet: ein Händler ist technisch keineswegs so gut, wie groß seine Werkstatt ist! Es gibt große Werkstätten, in denen werkeln Primaten und nicht geniale Fachmänner. Das andere gibt es ebenso. Und bei den Kleinen kann es genauso sein, so oder so. Sie kommen erst nach der fünften Reparatur dahinter.

Man kann es erst durch die Werkstatt des Händlers versuchen lassen. Entstehen hinterher Zweifel, muß man sich bequemen, das Gerät zur Generalvertretung des Herstellers zu karren.

Dort findet dann folgendes Gespräch statt:

Sie: »Das Ding hat einen Scheiß-Klang!«

Der Herr hinter der Theke, meist in einem weißen Kittel, indigniert: »So?«

Sie: »Klingen alle Ihre Geräte so?«

Der Herr: »Diesbezüglich sind uns noch keine Klagen zu Ohren gekommen.«

Sie: »Kann ich mal Ihre Ohren sehen?«

Der Herr: »Erlauben Sie mal!«

Sie: »Wollen Sie mein Gerät vielleicht einmal anhören?«

Der Herr: »Lassen Sie das bitte! Wir können es allenfalls einmal durchmessen.«

Sie: »Prima. Prüfen Sie bitte Frequenzgang, Klirrfaktor, Intermodulations-Faktor bei 1000 Hz und bei 16 000 Hz dazu Übersprechdämpfung, Störgeräuschspannungs-Abstand, Soll-Umdrehung, Gleichlauf, Rumpeln, Bandgeräusch[1] und so weiter.«

Achten Sie nun peinlich darauf, daß der Herr Ihren Auftrag gewissenhaft notiert – nicht nur mit dem Kopf nickt. Verlangen Sie beim Abholen einen Prüfbericht. Einen Freund erwerben Sie dadurch nicht, vielleicht nur einen Eingeschüchterten. Sie können vor dem Weggehen aber auch noch fragen: »Sagen Sie, ist der Chef schon von der Jagd zurück?« – Dies vermittelt den Eindruck, daß Sie den Chef näher kennen. Die meisten Chefs jagen tatsächlich, weil auch das zum guten Ton gehört. Sollte dieser Chef (welcher ›Chef‹? Der Vorgesetzte nur oder der Fabrikant oder der Vorstandsvorsitzende?) nicht jagen, dann ist eben ein anderer ›Chef‹ gemeint, der auch zu sagen hat.

Am Ende ist es auch gut zu sagen: »Sie wissen sicherlich, daß es bei mir etwas schneller gehen muß. Grüß Gott!« (Im Rheinland sagt man, glaube ich, statt dessen: »Tach« oder »Helau«, je nach Jahreszeit.)

Wenn Sie Ihr Gerät eigenhändig abholen, verlangen Sie schriftlichen Prüfbericht. Ist keiner da, lassen Sie Ihr Gerät dort – hören zu Hause so lange simples Radio – und bleiben hart. Dafür bezahlen Sie ja.

Teuer wird das, ich weiß. Aber wahrscheinlich bekommen Sie dann ein wirklich repariertes Gerät zurück. Dies ist solche Seltenheit, daß Sie Ihrem Herrgott dafür dankbar sein müssen.

Notfalls kann man die Gehirnwäsche noch weiter treiben: »Darf ich mal Ihren Meister sprechen?«

Und dann zum verbiesterten Meister: »Wären Sie so liebenswürdig und würden mir auf diesen Zettel Ihren Namen schreiben?«

An dieser Stelle merke ich endlich, daß ich ein ganz gemeiner Hund bin. Aber helfen tut's!

1 Bei Geräten, an denen sich etwas dreht: Tonband, Cassetten-Recorder, Plattenspieler.

23. Prospekte

(und HiFi-Normen)

Prospekte geben dem Laien – und zuweilen auch dem Fachmann! – Rätsel auf. Noch recht verständlich ist die bunte Abbildung des Geräts. Dazu kommt dann der eigene Lobgesang, der an Image, Freude und vielleicht auch etwas an Ihren Sex appelliert. Aus diesem Text ist die Qualität des Werbeleiters ersichtlich, aber nicht die des Geräts.

Darum folgen endlich ›technische Angaben‹, wohl wissend, daß Sie diese vertrackten Zahlen und Zeichen wahrscheinlich nicht verstehen.

Einzig klar ist zur Zeit die Bezeichnung ›HiFi‹ nach Norm 45500. (Nicht nach NARTB!)

Das heißt: Sie brauchen gar nicht weiterzulesen. Denn das ist eben schon ›hifi‹. Mit HiFi wurde das ermittelt – und genormt

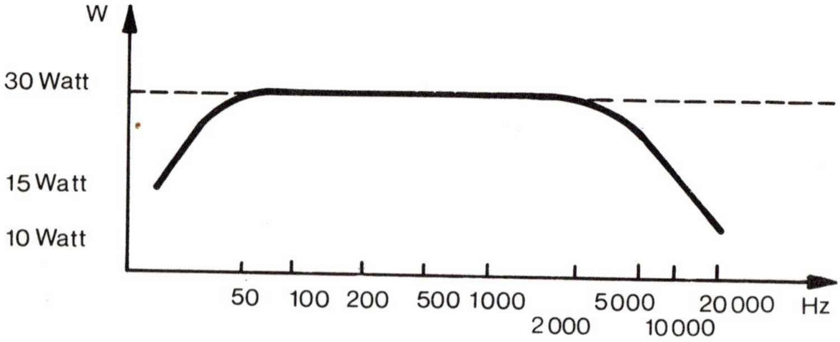

Im menschlich hörbaren Bereich soll bei allen Tonlagen (Ton-Frequenzen) die gleiche Schall-Leistung abgegeben werden. Das ist der sogenannte »Frequenzgang«, in einer Kurve darstellbar (hier für eine 30-Watt-Anlage). Diese – hier idealisiert gezeichnete – Kurve soll im Prospekt stehen oder in der Gebrauchsanleitung. Sie soll waagerecht sein, zwischen 50 Hz und 12 500 Hz (HiFi-Norm).

A. Spoerl

–, was sich bei der Wiedergabe kaum noch merklich vom Originalton unterscheidet. ›Hörbares Unterscheiden‹ verlangt natürlich Ohren, und diejenigen Ohren, mit denen man damals normte, kennen Sie nicht. Und wie die auch aussahen: die Ansprüche durften nicht über das Machbare hinausgehen, sonst hätten wir noch immer kein HiFi. Ich meine: ohne allzu teuer zu werden. Und da schon griff der Kompromiß ein!

Spitzengeräte liegen heute merklich über **HiFi-Norm.** Und doch sind auch sie voneinander verschieden. Zwei HiFi-Anlagen nebeneinander haben zwar beide HiFi-Ton und klingen trotzdem anders! Sie haben ein anderes Timbre, einen anderen Ton-Charakter. Die eine Anlage klingt härter, metallischer, die andere hat einen sanfteren Sound. Hier geht es in Bereiche, die von keinen Meß-Instrumenten erfaßbar sind und darum auch nicht genormt werden können.

Und von Ihnen weiß auch ich nicht, ob Sie den harten oder den weichen Sound lieben.

Jede Anlage (jedes Radio allein) besteht aus einer Kette von Fehlern. HiFi ist nichts anderes als unterdrückte Fehler, derart, daß ein guter Normalverbraucher sie nicht mehr wahrnimmt.

Wann Fehler nicht mehr hörbar sind, läßt sich mit Instrumenten messen. Auf diese Meßwerte ist die HiFi-Norm gebaut.

Bevor ich Ihnen die absoluten Werte für HiFi serviere, warne ich Sie vor weiteren Prospekt-Texten! – Wenn wir von einer Maschine, einem Menschen oder einem Gerät eine bestimmte Leistung verlangen, dann soll es uns völlig wurst sein, mit welchen inneren Organen diese Leistung zustande kommt, ob der Verbrennungsmotor dafür einen Doppelvergaser braucht, der eingestellte Angestellte einen Blinddarm hat oder der Tuner einundzwanzig Transistoren. (Nur der Fachmann kann gewisse Rückschlüsse ziehen, und auch damit geht er oft fehl.) Von einem Automobil will ich nur wissen, was es kann (bei soundsoviel Steuern und Versicherung und Verbrauch), mit einem Menschen geht es den Arbeitgebern nicht anders, und beim Amplifier will ich nur die Anschlußwerte wissen und die herauskommenden Watt (›Sinus‹, eben nach DIN).

Über die Lebensdauer oder Pannen-Anfälligkeit sagt mir die Aufzählung der inneren Organe auch nichts. Manch hochtouriger Motor läuft länger als sein zahmer Konkurrent, manch sensibler Mensch schafft durch Energie oder Pflichtbewußtsein mehr als ein Athlet.

Aber die technischen Angaben in nüchternen Zahlen, die sagen etwas über die Qualität der Anlage! – Wie wir sie zu bewerten haben, wurde schon in einem früheren Kapitel angedeutet, nicht in Zahlen, sondern in den verzichtbaren und unverzichtbaren Eigenschaften.

Das HiFi-Normblatt vom August 1974 – gemeint für alle Bausteine einer Anlage – verlangt erst einmal, daß alle Meßwerte auf bestimmte **Betriebsverhältnisse** zugeschnitten sind:

Netzspannung 220 Volt (± 2,2 Volt), bei Wechselstrom 50 Hz,
Zimmertemperatur 15 bis 35° C,
Luftfeuchtigkeit 45 bis 75 %,
Luftdruck 860 bis 1060 mbar.

Das Normblatt weist darauf hin – gut so! –, daß bei aneinandergeschalteten Bausteinen die Toleranzen (Abweichungen) sich addieren können (wie aber auch kompensieren). Auf gut deutsch ein Beispiel: hat der Plattenspieler schon einen Klirrfaktor – geduldet –, der Verstärker nochmal einen, die Boxen wiederum einen, dann ergibt das am Ende doch ein hörbares Klirren. – (Bei der Compact-Anlage ist das nicht besser, denn hinter dem Plattenspieler sitzt auch ein Leistungsverstärker, nur in demselben Gehäuse!). – In unserer Überlegung können das gut 2,0 % Klirrfaktor zuviel werden.

Und was hier am Klirrfaktor Beispiel war, meint das Normblatt auch mit anderen Abweichungen.

Das Normblatt (Blatt 1) legt auch fest, für welche ›Betriebsart‹ die Meßwerte angegeben sein müssen; es muß wenigstens die Betriebsart dem Meßwert zugeschrieben werden.

Beispiel: ein Tonbandgerät gibt an, daß es von 50 bis 20 000 Hz wiedergebe. Dazu muß aber geschrieben sein: mit welcher Bandgeschwindigkeit.

Und das schließlich bestimmt das Normblatt, daß Meßwerte, die über DIN 45 500 liegen, nach demselben Verfahren gemessen werden müssen wie die Meßwerte nach einfacher HiFi-Norm.

Beispiel: ein Amplifier (Verstärker) gibt eine Ausgangs-Leistung von 35 Watt ›Musik-Leistung‹ an. Musik-Leistung ist nicht nach Norm (siehe Kapitel über Verstärker!). Es muß die Sinus-Leistung angegeben sein, auch wenn HiFi nur eine Leistung von 6 Watt Sinus verlangt. –

Auf die Einzelheiten pro Gerät in nackten Zahlen komme ich hinterher!

Da ist der **UKW-Empfänger (Tuner):** Wo die Messungen angelegt werden, interessiert uns nicht, ist bei den Norm-Männern zur Zeit auch noch nicht ganz ausgebacken. (Nur vorläufige Anweisungen!)

Frequenzgang vorgeschrieben 40 bis 12 500 Hz. Also im Hörbereich eines 35- bis 40jährigen Menschen ohne Gehörschäden liegend.

Sollte in dem von Ihnen just studierten Prospekt auch von ›Abweichungen im Übertragungsbereich‹ geschrieben sein, dann dazu das DIN-Blatt:

von 40 bis 50 Hz ± 3 dB,
von 50 bis 6 300 Hz ± 1,5 dB,
von 6 300 bis 12 500 Hz ± 3 dB.

Diese Angaben und alle folgenden sollten Sie mit den Prospekt-Angaben vergleichen!

›Klirrfaktor‹ muß kleiner als 2 % sein bei 1000 Hz und 40 kHz.

Unterschied zwischen den beiden Stereo-Kanälen (Balance-Knopf auf Mittelstellung) darf zwischen 250 und 6300 Hz nicht 3 dB überschreiten. (Was noch nicht ausschließt, daß eine Box lauter tönt als die andere, weil die Boxen unterschiedlich ausfallen und es auch Unregelmäßigkeiten im Verstärker gibt.)

Übersprechdämpfung bei Stereo von Kanal zu Kanal:

von 250 Hz bis 6 300 Hz größer als 26 dB,
von 6 300 Hz bis 12 500 Hz größer als 15 dB.

Geräuschspannungs-Abstand in allen Tonlagen, bei Mono wie bei Stereo soll größer sein als 54 dB. Sonst mischt sich bei vollem

Aufdrehen Rauschen oder Zischen ins Programm. Und zurückgedreht verliert der Ton an ›Dynamik‹ (Unterschied zwischen leisestem, gerade noch hörbarem und lautestem Ton).

Die übrigen Angaben brauchen Sie nicht zu wissen. Wenn doch, kommen sie in einem der folgenden Abschnitte.

Bei den **Verstärkern** (›Leistungsverstärker‹, ›Amplifier‹) gibt DIN nur vorsichtige Werte an (Januar 1973).

Es setzt voraus, daß die Lautstärke voll aufgedreht ist! Offensichtlich setzt es ebenso voraus, daß die Lautsprecher (Boxen) die volle Leistung des Verstärkers aufnehmen, ohne überdimen-

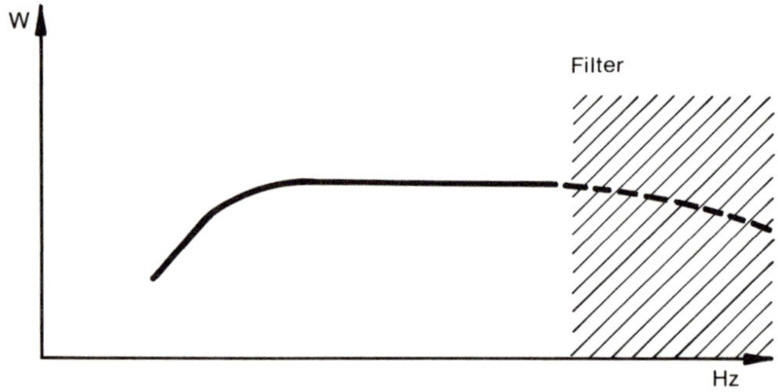

Die tiefen Töne liegen links, die hohen Töne rechts auf der Kurve. Wo die Kurve absinkt, wird es leiser (vereinfachte Darstellung). Hochton-Filter (›Scratch‹) schneidet radikal die oberen Töne weg, auch diejenigen, die noch zur Musik gehören.

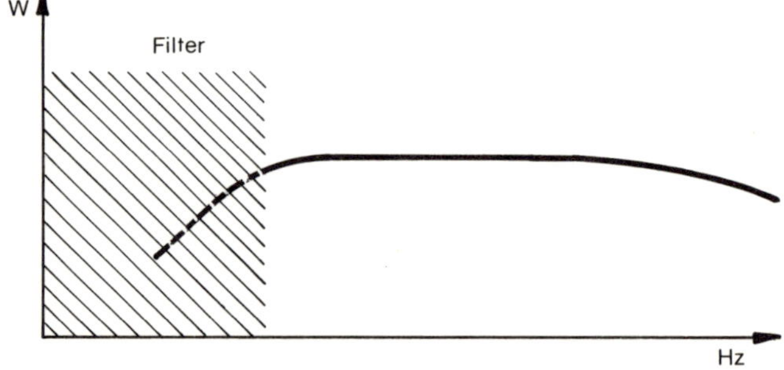

Rumpel-Filter (›Rumble‹) schneidet mit den Rumpelgeräuschen auch alle tiefen Töne weg, obgleich wir sie noch hören wollen.

sioniert zu sein. – Also bei Verstärker-Leistung von zum Beispiel 30 Watt sollen die Boxen 30 bis 40 Watt aufnehmen können.

Beim Frequenzgang (›Übertragungsbereich‹) werden an den Verstärker höhere Anforderungen gestellt: nicht nur bis 12 500 Hz, sondern von 40 bis ganze 16 000 Hz!

Besonders betont dieses Normblatt, wie weit die Frequenz-Kurve gilt, wo sie aufhört, weil sie zu sehr absackt:
Für entzerrende Eingänge (z. B. Vorverstärker) darf die Kurve nicht mehr als um – 2,0 dB abfallen,

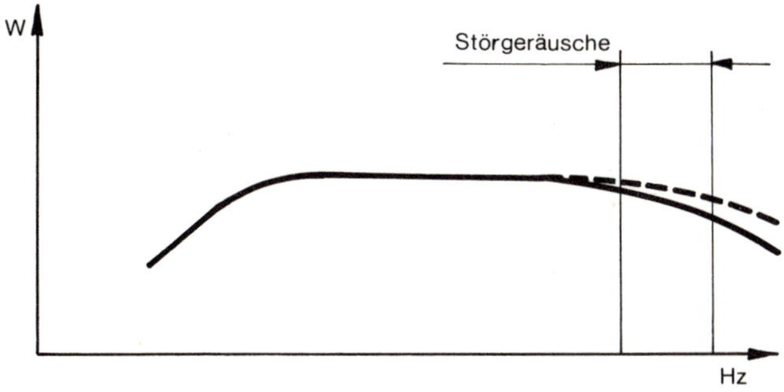

Kratz- und andere hoch liegenden Störgeräusche kann man durch Wegdrehen der oberen Frequenzen nur etwas dämpfen – und dämpft damit zugleich auch alle hohen Töne, die ›zum Stück‹ gehören, sogar diejenigen, die weit unter der Tonhöhe der Störgeräusche liegen! *A. Spoerl*

für lineare Verstärkung (Endverstärker, wirklicher Amplifier) darf sie nicht mehr als – 1,5 dB absacken.

Die Differenz zwischen beiden Stereo-Kanälen – mit dem üblichen Balance-Knopf oder -Schieber (der bis 8 dB kompensieren muß) – soll nicht größer als 6 dB sein bei Tönen zwischen 250 und 6300 Hz. – Weitere Einzelheiten führen zu weit.

Klirrfaktor für vollaufgedrehte Vorverstärker (zum Beispiel im Plattenspieler): 0,7 % (zwischen 40 und 4000 Hz), für Leistungsverstärker: 1,0 %.

Intermodulations-Faktor zwischen 2 und 3 %.

Übersprechdämpfung zwischen den Stereo-Kanälen bei 1000 Hz: 40 dB, in weiteren Bereichen genügen 30 dB. Und das auch, wenn Lautstärke zurückgedreht ist auf – 40 dB.

Verstehen müssen Sie all das gar nicht, sondern nur mit dem Prospekt vergleichen können. Der Prospekt stimmt, wenn er sich darauf beruft, daß alle Messungen nach DIN 45 500 vorgenommen wurden. Beziehungsweise nach deutscher HiFi-Norm!

Was denn ist das Wichtigste an Ihrem Verstärker bei all diesem Norm-Wust:

a) daß der Klirrfaktor 1 % nicht übersteigt,

b) daß er gegen Überlastung abgesichert ist, nicht durchbrennt, wenn Sie ihn an übergroßen Boxen überdrehen.

Bei **Plattenspielern** beziehen sich die Normen auf diejenige Drehzahl, mit der der Plattenspieler normgerecht getestet wurde. Im allgemeinen bezieht sich der Meß- und Sollwert auf n = 33 (Langspielplatten).

Die Soll-Geschwindigkeit darf um nicht mehr als + 1,5 bis – 1,0 % abweichen.

Der Gleichlauf darf nicht mehr als um ± 0,2 % abweichen. (Sonst Jaulen, ›Wow‹.)

Rumpelabstand – auch hier gemessen bei einer Schnelle von 10 cm/sec. und bei 1000 Hz – zumindest 35 dB. (Sonst hören Sie das Rumpeln, voll aufgedreht.)

Das Normblatt schaltet hier wohlweislich ein: diese Werte gelten auch dann, wenn der Verstärker im Gehäuse des Plattenspielers steckt (Boxen ohne weiteren Verstärker oder Compact-Gerät direkt angeschlossen werden können). Die Normer verlangen, daß der eingebaute Verstärker am Ausgang keine schlechteren Werte ergibt und der Plattenspieler sich nicht damit herausreden kann, er selbst sei ja normgerecht, die Fehler könnten nur in seinem Verstärker stecken.

Frequenzbereich: 40 bis 12 500 Hz.

Unterschied zwischen den beiden Stereo-Kanälen kleiner als 2 dB.

Übersprechdämpfung (siehe Kapitel Übersprechen!) muß größer sein als 20 dB bei 1000 Hz. (15 dB über den ganzen Bereich von 500 bis 6300 Hz gemessen; über 7000 Hz keine Angaben.)

Seltener finden Sie im Prospekt eine Angabe über **Intermodulations-Faktor**. Er gehört in den Bereich des ›Klirrens‹, ist aber eine Sonderheit, die Ihnen die Freude verderben kann. Gibt Ihre Anlage zwei gleichzeitige Töne (zum Beispiel zweier Violinen) von sich, den einen in der Tonhöhe von 900 Hz, den anderen in der Höhe von 800 Hz (was beides zusammen sehr unharmonisch klänge, es sei hier nur ein Rechenbeispiel), dann können – bei Intermodulation – zwei zusätzliche, wirklich unerwünschte Töne sich zumischen: einer von 1700 Hz und ein Brummer von 100 Hz. – Die HiFi-Norm erlaubt Intermodulation mit dem Faktor 1,0 %. Denn dann hört man sie nicht.

Sogar die höchstzulässige Auflagekraft über der Platte wird vom Normblatt angegeben, mit 3 Gramm (oder Pond). (Siehe aber Kapitel Plattenspieler!)

Und die weiteren Forderungen des DIN-Blattes kommen in keinem Prospekt vor, müssen nur von dem Hersteller beachtet werden. **Tonbandgeräte** können auch aufzeichnen. Zum nächsten Aufzeichnen müssen Sie wieder löschen. Darum eine wichtige Forderung des Normblattes: Löschdämpfung mindestens 60 dB! (Das ist eine quasi elektronische Forderung; wenn der Löschmagnet nicht ganz auf der Band-Spur liegt, bleibt ein dünner Rand auf dem Band ungelöscht. Das ist dann ein mechanischer Fehler, der sich durch Justieren des Löschkopfes leicht beseitigen läßt.)

Abweichung von der Soll-Geschwindigkeit (zum Beispiel 19 cm/sec, 9,5 cm/sec und andere) über 30 sec gemessen: ± 1,0 %.

Gleichlauf-Schwankungen wie beim Plattenspieler: ± 2,0 ‰.

Frequenzgang von 40 bis 12 500 Hz. (Gute Geräte gehen bis 20 000 Hz und mehr.)

Klirrfaktor 3 % bei vollem Aufdrehen und 333 Hz. (Komisch, daß hier der Klirrfaktor nicht auf 1000 Hz bezogen ist. Aber zum Vergleich im Prospekt ist das wenigstens eine Richtzahl.)

Fremdspannungs-Abstand wie auch Ruhegeräuschspannungs-Abstand 43 bis 48 dB.

Übersprechdämpfung bei 1000 Hz:
a) bei 2mal Halbspur-Aufzeichnung zumindest: 60 dB;
b) bei Stereo-Aufzeichnung (Halb- und Viertel-Spur) zumindest: 20 dB. (Bei Stereo dürfen minimale Übersprechungen auftreten, weil ja allein durch die beiden Boxen im Zimmer eine ›akustische Übersprechung‹ unvermeidbar auftritt. Und im Kopfhörer ist es fast eine Wohltat, wenn das eine nicht nur von links und das andere nicht nur von rechts in die Gehöre trommelt, sondern ein bißchen vermischt wird.)

Unterschied zwischen beiden Kanälen: 2 dB.

Normen über **Mikrofone** zeigen noch wenig klare Angaben. – Jedenfalls sollen sie von 50 bis 12 500 Hz ausreichend aufnehmen. – Die von mir – in primitiver Art allerdings – gemessenen Mikrofone der gehobenen Klasse sprachen schon auf 30 Hz an, die ich ihnen aus Boxen (und von Testplatte) zuspielte, und sie schienen auch bis 20 000 Hz zu hören. Anders wäre auch nicht zu erklären, wie wir überhaupt Testplatten mit Tonhöhen von 20 000 Hz zustande brächten und sogar noch weit darüber! (Stammt denn auch das diesbezügliche Normblatt von anno 1966.)

Daß es **Kopfhörer** jeglicher Normung schwermachen, wissen Sie schon aus dem Kapitel Kopfhörer. Ohr und Kopfhörer nämlich bilden eine akustische Einheit. Nun kann ein Kopfhörer immer derselbe sein, Ohren sind es aber nicht. – In aller Naivität habe ich Kopfhörer über ein Spitzenklasse-Mikrofon gestülpt und Tests hineingespielt. Die Bässe mußte ich beim Messen außer acht lassen, denn die tiefen Töne ›rutschen seitlich weg‹, wenn nicht eine Ohrmuschel den Kopfhörer schalldicht abriegelt. – Der Frequenzgang von 1000 Hz bis hinauf zu etwa 16 000 Hz war auch bei einem Mittelklasse-Kopfhörer erfreulich linear. – Ein Normblatt über Kopfhörer liegt mir nicht vor.

Beim Kopfhörer sagen Ihnen die Zahlen-Angaben der Prospekte also wenig; es gibt ja keine Zahlen-Vergleiche!

Kopfhörer muß man ausprobieren, je nach eigenen Ohren.

Auch über **Boxen** liegt mir kein Normblatt vor. Es scheint zumindest keines zu geben, das neuesten Datums ist.

Wir können es uns auch ersparen. Denn wie soll man Boxen normen?

In jedem Raum klingen sie anders – ganz abgesehen von der nicht meßbaren Klangfarbe (dem ›Timbre‹). Prüft man sie im schall-toten Raum, dann hat das verflucht wenig mit der Wirklichkeit zu tun. Und schall-lebendige Räume sehen immer anders aus.

Im ›amateurhaften‹ Test konnte ich lediglich messen:

a) Gleichheit der Lautstärke. – Da waren deftige Unterschiede, die sich durch den Balance-Regler am Verstärker aber immer ausgleichen ließen (das ist natürlich kein Ideal-Fall!);

b) den Frequenzgang, d. h. seine Linearität und die extremen Frequenzen. – Mittelklasse-Boxen bereits waren linear und reichten – über Mikro gemessen – zumindest von 50 bis 17 000 Hz. Vielleicht reichten sie noch weiter, aber meine Meßgeräte waren nicht eindeutig genug. – Wenn in dem von Ihnen studierten Prospekt Linearität von 40 bis 21 000 Hz angegeben ist, können Sie diese Angaben zwar nicht mit DIN vergleichen, aber dürfen es glauben. Es würde ja auch reichen, wenn es nur von 60 bis 16 000 Hz geht. (Die Norm der HiFi hört ja ohnedies bei 12 500 Hz auf!)

›Gequetschte‹ Töne, ›bumsende‹ Bässe sind meßtechnisch bisher nicht erfaßbar. – Boxen sind wie Primadonnen; messen Sie doch mal mit Herren des Normen-Ausschusses die Callas! Also: was die für Töne macht, was denn ihr Timbre sei und wieso ihre

Stimme damals in der Scala anders klang als vorgestern in der Metropolitan.

Nachzuholen sind noch die **Cassetten-Decks** (ich meine nicht die kleinen Recorder, weil die noch längst nicht hifi sind): Sie fahren ihre dünnen Bänder nur mit 4,75 cm/sec., und damit müssen sie auch gemessen werden. – Solange es keine gesonderten Normen für Cassetten gibt, müssen wir die Normen der Tonbandgeräte anlegen. (Wie oben in Zahlen geschrieben!)

In solchem Fall vergleichen Sie peinlich genau die folgenden Faktoren: Klirrfaktor, Gleichlauf und Geräuschspannungs-Abstand.

Weniger wichtig: konstante Abweichung von der Drehzahl (gemessen auf 30 Sekunden), Übersprechdämpfung.

Aber wichtig: Gleichlauf.

Frequenzgang (›Übertragungsbereich‹ nach DIN-Blatt vom Oktober 1974) kann bei HiFi-Cassetten-Decks immer als normgerecht angenommen werden (40 bis 12 500 Hz).

DNL und Dolby haben verbal noch nicht Eingang ins Normblatt gefunden, aber der Ruhegeräuschspannungs-Abstand (48 dB) berücksichtigt schon, daß Sie die richtige Taste (DNL oder Dolby, je nach Cassetten-Art bzw. Art der Aufnahme und jedenfalls auf Chrom-Dioxid-Band) gedrückt haben.

Beim Vergleich verschiedener Geräte in Ihren Prospekten – beide Male HiFi vorausgesetzt – stolpern Sie vielleicht darüber,

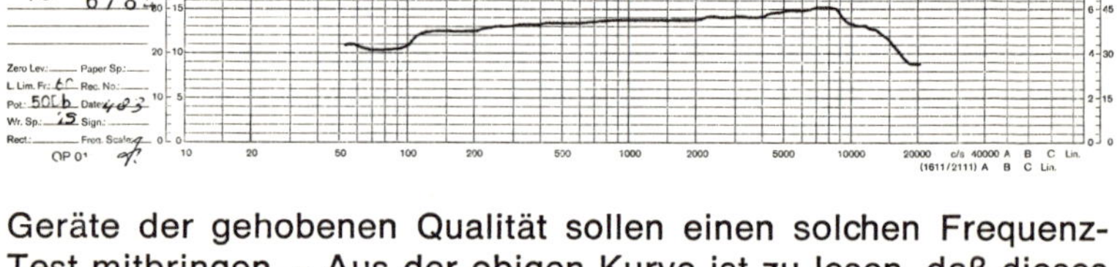

Geräte der gehobenen Qualität sollen einen solchen Frequenz-Test mitbringen. – Aus der obigen Kurve ist zu lesen, daß dieses Gerät gut ist für 100 bis knapp 1300 Hz, in diesem Bereich aber schön linear! *A. Spoerl*

daß das eine Gerät einen weiteren Frequenzgang hat (statt bis 12 500 bis 14 000 Hz), dafür aber zum Beispiel einen größeren Klirrfaktor als das andere aufweist (beide Klirrfaktoren noch im DIN-Bereich).

Klirren ist schlimmer als geringerer Frequenzbereich (›Übertragungsbereich‹). Oder daß das eine Gerät von der Soll-Geschwindigkeit (über 30 sec) mehr abweicht als das andere Gerät, aber das andere Gerät einen besseren Gleichlauf (kurzzeitiges Schwanken der Geschwindigkeit) aufweist. Denn wenn die Musik etwas höher oder tiefer intoniert ist als in Wirklichkeit, tut es Ihrem Ohr kaum weh, aber wenn es jault, tut das sehr weh!

Ob ein Gerät DNL-Schaltung und gar noch Dolby-Schaltung auf Tasten hat, gehört nicht hierhin, denn dafür gibt es keine HiFi-DIN, sondern nur das Kapitel Cassetten-Recorder.[1]

Nicht im Normblatt finden Sie ›Brillanz‹ und ›Transparenz‹.

›Brumm‹ ist einfach das, was ein Gerät brummt. Es kommt vom Wechselstrom, soll aber im Gerät (Anlage) unterdrückt werden. Den Brumm hören Sie ›in Ruhe‹ des Gerätes: Plattenspieler oder Bandgerät laufen nicht, Tuner hat einen Sender mit Sendepause. – Nun können Sie versuchen, das Gerät – oder alle Glieder der Anlage – mit einer Kupferlitze an die Zentralheizung oder einen Wasserkran anzuschließen, auf ›Masse‹: das ist eine Schraube ins metallene Gehäuse gebohrt oder – wenn das Gehäuse aus Kunststoff ist – ins innere Chassis.

Ebensowenig steht im Normblatt der HiFi etwas über ›mechanische Geräusche‹. Die können einem auch die Laune verderben! – Bei Tonbandgerät durch Schleifen des Bandes an windschiefen Spulen, beim Plattenspieler durch Quietschen oder Knurren der Achsen. – Oder irgendein mechanisch bewegtes Wiedergabegerät macht bei jeder Umdrehung »tick«. – Ich habe oft versucht, mich daran zu gewöhnen, aber auf die Dauer gelang mir das nie. Manchmal hilft ein atomgroßer Tropfen Öl oder eine neue Plexi-Spule. Oder der Schraubenzieher.

Auf den Schraubenzieher wollte ich schon anfangs kommen. Er ist ein Risiko, weil manche Schrauben auf den Teppich fallen und sich da verkrümeln. Infolgedessen enden meine guten Ratschläge an dieser Stelle.

1 Die Vergleichszahlen entnommen den Blättern des Fachnormenausschusses Elektrotechnik im Deutschen Normen-Ausschuß (DNA), Fachnormen-Ausschuß im DNA. DIN 45 500, Blätter 1 bis 5. – Betreffend Heimstudiotechnik.

24. Pep

Nach so vielen gescheiten Worten über HiFi und Nicht-HiFi, nach DIN und anderen Normen, muß am Ende ein ganz ehrliches Wort gesagt werden:

Das meiste läßt sich gar nicht normen, weil es gar nicht meßbar ist!

Nicht oft, aber doch immer wieder stolperte ich über Geräte (ganze Anlagen), die nicht hifi waren und trotzdem betörten!

Die haben irgend etwas, das sich beim DIN-Messen als illegitim herausstellt – und trotzdem haben sie manchmal einen besonderen Pep!

HiFi kann – bei aller Tontreue! – ledern klingen, stumpf, charakterlos.

Was denn ist ›Charakter‹?

Es ist das Quentchen, das über das Normale oder Erlaubte hinausgeht, etwas ausschlägt. Von den Geräten, die ich jetzt noch im Sinn (Ohr) habe, meine ich den ›Glanz‹!

Vielleicht ist da doch etwas von dem von mir vermaledeiten Klirrfaktor drin (zugleich Intermodulation) oder von einem etwas krummen Frequenzgang – nennen wir's einen ›Webfehler‹, der unter der Meß-Schwelle liegt.

Wir können es ebenso ›Effekt‹ nennen. Unbekanntere Firmen machen davon zuweilen Gebrauch, während wir Bravbiederen uns an Normen klammern, um ganz proper zu bleiben.

Fazit: nicht auf die Norm allein kommt es an, sondern auf Ihr Ohr.

Bilanz: Ihr Gerät soll möglichst hifi tönen, aber was es darüber hinaus hat, läßt sich kaum messen, das müssen Sie hören. Mit Ihren ein- und angewachsenen Ohren! Denn Klang ist nicht für Meßgeräte, sondern für die Musik.

25. Stichwortverzeichnis[1]

1 Definitionen sind Glücksache. Definiert man zu pingelig, versteht's der Laie nicht. Definiert man zu volkstümlich, erbost sich der Fachmann. Geht man den mittleren Weg, setzt man sich zwischen zwei Stühle. – Die obigen Definitionen dienen nur als Wegweiser; ums Lesen der betreffenden Kapitel kommen Sie nicht herum.

Frequenzgang, Gehörrichtige Wiedergabe der Tonhöhen (gleiche Lautstärke aller hörbaren Töne). – Kap. 2; siehe auch – Kap. 13 über Normen!

Frequenzkurve, Aufzeichnung des ›Frequenzgangs‹ graphisch. – Kap. 11

Frequenzumfang, Siehe Frequenzgang!

Gebietskennung, Auto-Radio mit Decoder zum Erkennen, aus welchem Gebiet die Verkehrssendung kommt.

(Gemeinschafts-)Antenne, Bekannt. – Kap. 21

Geräusch, Unregelmäßige Schallimpulse. – Kap. 11

Geräuschspannungs-Abstand, Technischer Ausdruck für ›Dynamik‹.

Gleichlauf, Die Konstanz der Umdrehungszahl (bei Platten) bzw. der Durchlaufgeschwindigkeit (bei Bändern). – bei Kap. 2; siehe auch – Kap. 13 und 23

Gleichlauf-Schwankungen, Unregelmäßigkeiten (kurzfristige, immer wieder auftretende) des Gleichlaufs. – Kap. 2 (Siehe auch ›Wow‹ und ›Flutter‹!)

Halb-Spur, Siehe ›Spur‹.

Hertz, Anzahl der Impulse pro sekunde. – Kap. 11

HiFi, Abkürzung von ›High-Fidelity‹. – Kap. 2

HiFi-Norm, Qualitätsvorschriften für HiFi-Geräte bzw. -Anlagen. – Kap. 23

High-Fidelity, ›Hohe Tontreue‹. – Meßdaten nach DIN 45 500. – Kap. 2; siehe auch – Kap. 23

Hinterband-Kontrolle, Abhörmöglichkeit am Tonband ganz nah der Aufsprechung. – Kap. 14

Hintergrundmusik, Musik aus leise gestellten Boxen während der Unterhaltung zum Ausfüllen des akustischen Vakuums. – Kap. 1; siehe auch ›Kontur-Schaltung‹!

Hiss, = Zischen (Tonband). – Kap. 15

Hz, Siehe ›Hertz‹.

Impedanz, ›Scheinwiderstand‹, aber auch gemessen in Ohm. Der reale elektrische Widerstand, z. B. in Boxen. – Kap. 9

integriert, = zusammengebaut, einverleibt.

Intermodulations-Faktor, Durch Subtraktion und Addition der wiederzugebenden Ton-Frequenzen infolge fehlerhaften Geräts auftretende Stör-Töne. – Kap. 23

Intimsphäre, Das, was nicht jeder wissen oder gar miterleben soll. Hier: tonlich. – Kap. 14

Jaulen, Siehe ›Wow‹. – Kap. 13

Kaufen, Bekannt. – Kap. 10 u. a. m.

Keramik, Element im Kopf des Tonarms, das Bewegungen der Nadel in elektrische Impulse umsetzt. – Billigeres System des Tonarms! – Kap. 13

Klang, Ober- und Unterschwingungen eines Tons (z. B. von Instrument) samt dem Hauptton.

Klirren, Siehe auch – Kap. 15

Klirrfaktor, Klirren hört sich an, wie es sich liest. – Zumischen von Tönen und Geräuschen, die nicht zur Wiedergabe gehören (außer ›Brumm‹). Siehe auch ›Intermodulations-Faktor‹. – Kap. 2; siehe auch – Kap. 23 über Normen!

Knall, Theoretisch einmaliger Schall-Impuls. – Kap. 11

Knistern, Wie es sich liest. Vorwiegend bei verstaubten Schallplatten. – Kap. 2

Koffer-Radios, Können bisher nicht hifi sein. – Kap. 6

Kombi-Geräte, Siehe Combi-Geräte.

Kondensator-Mikrofon, Für besonders hohe Ansprüche. – Kap. 20

Kontabilität, Hier: Wiedergabegerät verdaut störungsfrei und qualitätsgleich Tonträger von einem anderen Aufnahmegerät und umgekehrt. – Kap. 14 – (Spurtreue, Entzerrungs-Norm, Spurlage/alte Norm, neue Norm).

Kontur, Siehe ›Contour‹.

Kopfhörer, Bekannt. – Kap. 18

Kopier-Effekt, Lange lagernde Tonbänder kopieren magnetisch Signale des Bandes auf über- oder unterliegende Schicht. – Kap. 15

Kristall, Siehe ›Keramik‹!

Kugel-Charakteristik, Schallempfangsfeld eines Mikros. – Kap. 20

Kunstkopf, Siehe auch Kap. 18

Kunstkopf (-Verfahren), Aufnahme mit 2 Mikrofonen in den Gehörgängen eines künstlichen Kopfes, über 2 Kanäle Wiedergabe mit Kopfhörer. – Kap. 4

Langspiel-Band, Tonband, das 50 % mehr Spieldauer aufnimmt als Standard-Band. – Kap. 14

Leistungsbandbreite, Siehe ›Frequenzgang‹.

Leistungsstrahler, Lautsprecher mit eigenem Verstärker.

Lenko-System, Benässen der Plattenrillen. – Kap. 12

Lift, Beim Plattenspieler die Vorrichtung, durch Knopf- oder Hebeldruck die Nadel von der Platte abheben zu lassen oder sich niederzusenken. – Kap. 13

Löschkopf, ›Tonkopf‹, der aufgezeichnete Signale auf dem Tonband mit derart hochfrequenten Signalen überlagert, daß Tonband quasi ›gelöscht‹ ist. – Kap. 15

LP, Langspielplatte. – Kap. 13

Meldekennung, Auto-Radio mit Decoder, das sich bei Verkehrsdurchsagen automatisch einschaltet. (In Vorbereitung).

Memory, Taste an Tonband- und Cassetten-Geräten, die auch beim schnellen Umspulen stoppen läßt, wenn gewählte Stelle auf Band am Tonkopf ist. – Kap. 14

Mikrofon, Bekannt. – Kap. 20

Mikroport, Mikro mit eingebautem Sender zum ganz nah stehenden Empfänger und Verstärker. – Kap. 20

Mischpult, Tablar mit manuellen Reglern zum Auspegeln der einzelnen Kanäle (z. B. Eingänge